無縁社会のゆくえ

―人々の絆はなぜなくなるの？

監修　日本心理学会　編者　髙木修・竹村和久

SHINRIGAKU SOSHO

日本心理学会

心理学叢書

誠信書房

心理学叢書刊行にあたって

日本心理学会では、２０１１年の公益社団法人化を契機として、講演会、シンポジウムなどの企画を充実させてきています。２０１２年度からは、企画全体を「社会のための心理学シリーズ」と「基礎心理学の展開シリーズ」と銘打って組織的に実施し、さらに「高校生のための心理学シリーズ」を加えました。また、２０１３年度には「心を科学する心理学シリーズ」を新たにはじめました。

こうした努力の結果、２０１３年度には、総計25回の講演会、シンポジウムを実施するに至っています。こうした講演会やシンポジウムは非常に充実したものでしたので、多くの方から、参加できなかった方々にもその内容を伝えるために書物として残せないものか、といった声が寄せられました。

そうした声に応え、この度、心理学叢書として継続的に上梓することになりました。編者や執筆者の方々はもちろんのこと、講演会やシンポジウムの企画・運営にお骨折り頂いた教育研究委員会、とりわけ、講演・出版等企画小委員会の皆様に大いに感謝するところです。

心理学叢書の刊行に大いにご期待ください。

２０１４年10月吉日

公益社団法人日本心理学会
理事長　佐藤隆夫

編者はじめに

日本では、かつての地縁血縁関係によって築かれていた地域コミュニティでの人間関係が崩壊し、単身世帯が増え、また、近隣関係だけでなく、終身雇用制の崩壊とともに職場での人間関係も希薄になっています。このような人間関係が希薄となった日本社会のネガティブな在り様が、ＮＨＫにより２０１０年に制作・放送されたテレビ番組において、「無縁社会」と命名され、多くの反響を巻き起こしました。こうした「無縁社会」の中で、年間で3万人以上が孤独死していて、中には、身元すら判らないまま死亡して、火葬され、無縁墓地に送られるような事例が頻出しています。このような状況は、悲惨だと言わざるを得ません。

しかし、「無縁社会」が、戦後の高度経済成長をもたらした都市への若者の大移動や、世界のグローバル化に対応した経済合理性の追求の結果によって、もたらされたのだと考えると、これは、我々の「ゆたかな消費社会」のコインの両面なのかもしれません。人々は、面倒な地縁血縁に基づく人間関係を捨て、職場での人間関係を希薄化させることによって、個人の時間を確保し、希薄ではあるものの広い人間関係を得て、多くの取引相手を得ることで、いろいろな利便性を得ています。日本の国民が経済などに関する個人的合理性を追求した結果、「無縁社会」がもたらされたのだと考えると、それを自業自得であると考える論者がいても不思議ではありません。実際、経済的自由を重視するいわゆる新自由主義者の中には、「無縁社会」の問題についてそれほど深刻に考えない人々もいます。他方、このような「無縁社会」の問題をなんとか解決しようと考える人々もいます。

「無縁社会」の問題の解決に当たっては、かつてのような地縁血縁社会を作ったらいいかというと、そのことも多くの人は望んでいませんし、そうしようと思ってもかなり困難だと思います。このような社会問題の解決にあたっては、心理学、社会学、経済学、工学などの総合的な知見が必要でしょうし、心理学においては、特に老年心理学、社会心理学、健康心理学、臨床心理学などが深くかかわることになると思います。

本書では、この「無縁社会」の実態やその中の人々の心理や行動、そして、無縁社会に対する対策について検討します。各章は、無縁社会について直接的、間接的に調査や研究を行っている人々の論考から成っています。各執筆者の観点は異なっているところもあり、調査や研究のスタイルも違いますが、現代の日本社会には、「無縁社会」のネガティブな側面があることを認識し、その問題解決の実現性、可能性について意見を異にするものの、この問題を可能なら解決したいと考えている点では共通していると思います。

本書は、編者が企画し２０１１年の８月と９月に、東京と大阪でそれぞれ実施した日本心理学会公開シンポジウム「無縁社会の心理——その問題と処方」がその基礎になっています。そこでのパネリストは、ＮＨＫ「無縁社会プロジェクト」で無縁社会の実態を調査している板垣氏と板倉氏、高齢者単身世帯の実態を検討している藤森氏、無縁社会の経済学的考察を行っている橘木氏、高齢者の心理と無縁社会について考察を行っている長田氏、それに無縁社会について指定討論を行った編者の竹村でした。

シンポジウムで話題提供を行ったパネリスト全員に執筆をしていただき、加えて、無縁社会の社会学的調査を行っている石田氏、ソーシャルサポートの社会心理学から無縁社会の考察を行っている浦氏、無縁社会における高齢者の孤独死とその対策について検討している福川氏、無縁社会の行動や制度問題を数理的な観点から理論的に考察している中丸氏に加わっていただきました。

本書は、三部からなっていて、第Ⅰ部は、無縁社会の調査や取材に基づく実態、第Ⅱ部は、無縁社会の経済的原因やその人口動態に関する背景要因、第Ⅲ部は、無縁社会における心理や行動についての考察、という構成になっています。

読者層として、心理学を専攻する学部生や修士課程の大学院生、および、社会心理学に興味をもつ他分野の研究者、実務家、さらには、一般市民を対象としています。本書が、「無縁社会」の問題について考える契機になるとともに、この問題に切り込むひとつの選択肢としての「心理学」の考え方やその関連分野での考え方について読者に知ってもらうことができれば幸甚です。

２０１４年８月

髙木　修
竹村和久

目　次：無縁社会のゆくえ――人々の絆はなぜなくなるの？

第2章　無縁社会の過程と課題　19

第II部 無縁社会の背景と原因 55

第4章 単身世帯の増加と無縁社会 56

第7章 無縁社会における高齢者の心理 116

第9章 無縁化をもたらす非協力行動の制度的構造 150

第I部 無縁社会とはなにか

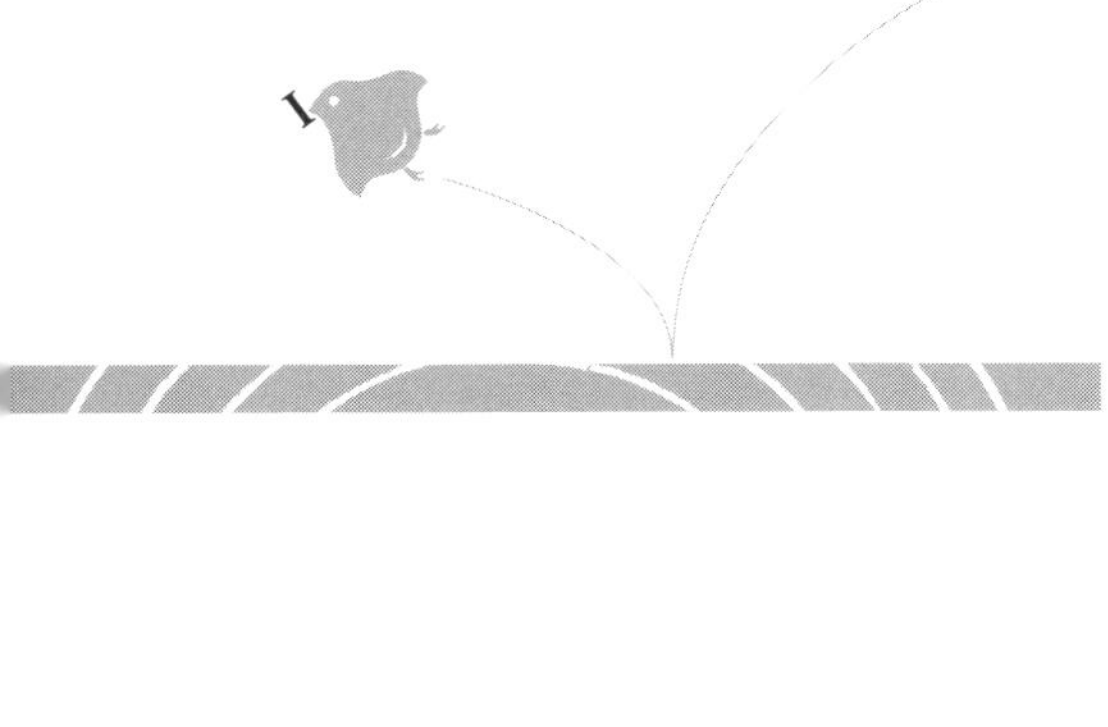

第1章 無縁社会の実態

1 はじめに

あなたには、困ったときに、頼れる人や居場所がありますか？

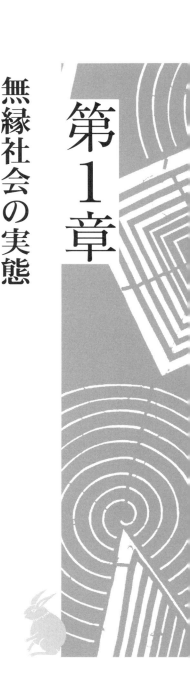

そんな問いを自分に投げかけたことはありますか。無縁社会の取材を継続してきた私たちプロジェクトのスタッフは、日常的にこんな問いを投げかけ合っています。実は、自分たちも「無縁社会の住人である」ことを現場で思い知らされているからです。

冒頭の問いに対して、「私には家族がいる」、そう答えようと思った人は、ふと「家族が亡くなったら、頼れる人はいなくなるかもしれない」、と気づくでしょう。「私には仕事場がある」と思った人は、歳を重ねれば働かない日が来ることを想像して、不安を募らせるかもしれません。「私には故郷の仲間たちがいる」、そう思った人は、それは元気なときには大切な絆であっても、自分に何かあったとき、本当に頼れるのかどうか、不安が胸中に浮かんだのではないでしょうか。私自身が全てに当てはまります。今、本当に頼れる「つながり」をもつことが難しい時代を迎えているのかもしれません。

無縁社会プロジェクトで取材を始めた２００９年から、社会との〝つながり〟をもてずに孤立を深めている人たち＝「無縁社会」の実態を取材し続けてきました。取材で出会った人たちは、ごく当たり前の人生を送っている人たちでした。失業、離婚、配偶者との死別など、日常的に起こり得ることが原因で「つながり」を失い、孤立していました。どの人を取材していたときも、自分の未来と重なりました。無縁社会は、誰にとっても「他人事ではない」からこそ、その現実を知って正面から向き合い、考えていかなくてはならない課題なのではないでしょうか。

自分が体調を崩したとき、駆けつけてくれる人はいるでしょうか。

老いて認知症になったとき、そばで支えてくれる人はいるでしょうか。

経済的に追いつめられたとき、支援してくれる人はいるでしょうか。

頼れる人がいない、頼れる居場所がない、頼れる〝つながり〟を失ってしまう無縁社会の現実は、誰にとっても他人事ではない未来の自分の問題なのです。

2　拡がり続ける無縁社会——社会保障制度の機能不全

日本の社会保障制度は、昭和30年代策定されて以来、大きく土台が変わらないまま今に至っています。そのため、「同居する家族がいること」を前提に作られました。しかし、時代は「無縁社会」へと激変期に入っています。そのため、社会保障制度が変化に追いつけずに機能不全を起こしているとも言えるのではないかと思えるのです。

２０１５年、厚労省は65歳以上の高齢者のうち単身で暮らす数が６００万人を超え、その後も増え続けると試算しています（図1-1）。それ以外の高齢者世帯も、ほとんどが高齢者夫婦、あるいは高齢者姉妹など高齢者2人で暮らしていて、どちらかが亡くなれば単身世帯になる予備軍です。ライフスタイルとして「老後の一人暮らし」が当たり前になっているのです。もはや頼れる人が身近にいない「無縁社会」を当たり前に受け入れ、その中で生きていくための「つながり」をどう再構築していくのか、考え直さなければならない時代を迎えているのではないでしょうか。

一人暮らしのリスク

無縁社会の取材を通じて強く感じることは、一人暮らしは様々なリスクを抱えていますが、決して、それ自体を否定されるものではない、ということです。健康で、経済的に不安がなければ、一人暮らしほど自由で、気ままな暮らしはありません。しかし、認知症の症状が深刻になり、24時間目を離せなくなったり、食事やトイレなどが一人では不可能な状態になったりしたときには事情が変わってきます。そうした「一人暮らしが維持できなくなる瞬間」、これは誰にでも訪れます。そのとき、誰がどう支えるのか、どこに、その受け皿があるのか、今は制度的にも明確になっていません。国は「在宅」で高齢者の療養を支える「在宅医療・在宅介護」を推進しています。しかし、施設とは違い、「在宅」で老後を過ごす人が増えれば増えるほど、孤立しがちな人に見守りの目を配り、支援を行き届かせることができるのか、その難しさに直面しているのかもしれません。

私たちが取材した多くのケースでは、老後、一人暮らしを続けていても、ある日突然、一人暮らしが難しくなるときがやってくる人がほとんどでした。

ある男性は、熱中症で倒れて入院したことがきっかけで、退院後、車いすが手放せなくなり、自宅での暮ら

○ 65歳以上高齢者のうち、「認知症高齢者の日常生活自立度」Ⅱ以上の高齢者が増加していく（図A）。
○ 世帯主が65歳以上の単独世帯や夫婦のみの世帯が増加していく（図B）。
○ 在宅医療・介護を推進するには、地域における医療・介護の関係機関の連携が重要であるが、現状では、訪問診療を提供している医療機関の数も十分とは言えず（図C）、また、連携も十分には取れていない（図D）。

（図A）「認知症高齢者の日常生活自立度」Ⅱ以上の高齢者の数と65歳以上高齢者に占める割合

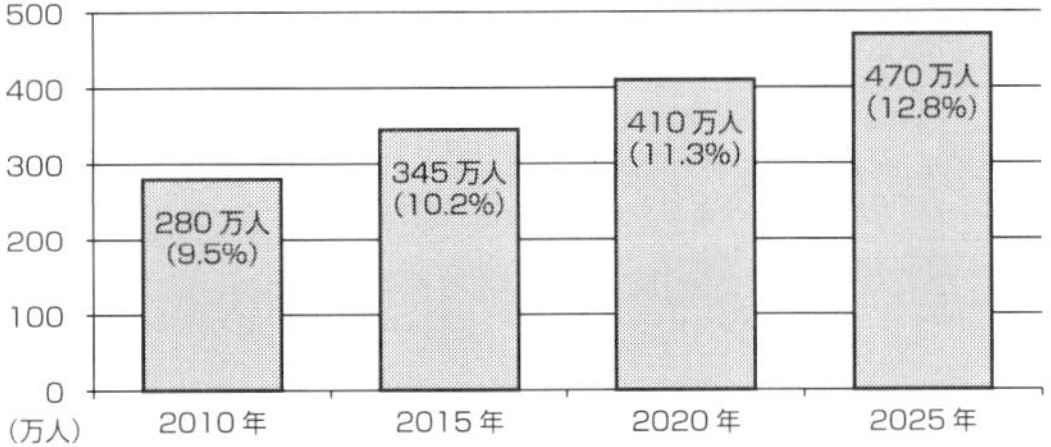

出典：「認知症高齢者の日常生活自立度」Ⅱ以上の高齢者数について（厚生労働省）

（図B）世帯数

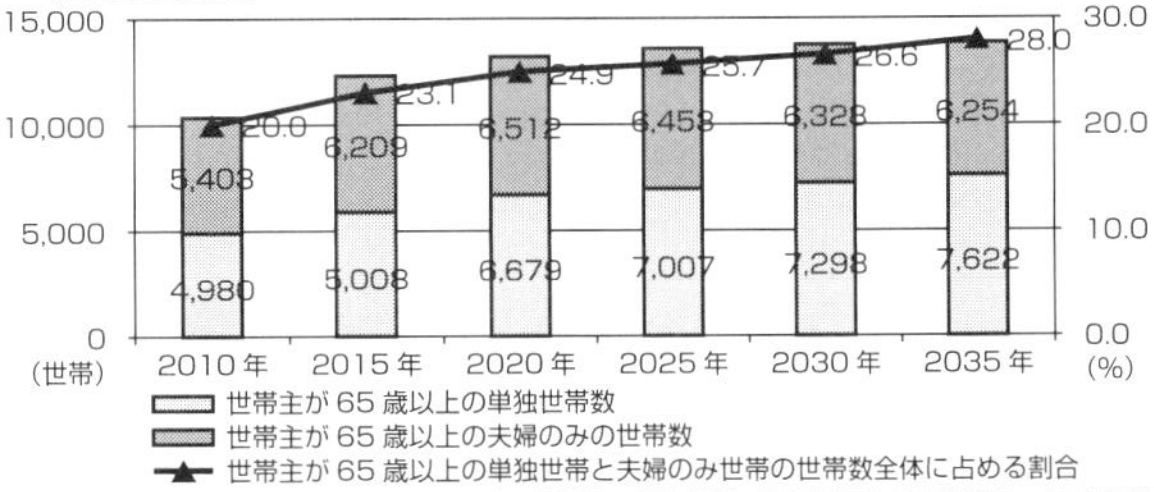

出典：日本の世帯数の将来推計（全国推計）（社会保障・人口問題研究所）

（図C）訪問診療を実施している医療機関

	箇所	対全数の割合(%)
病院	2,407	28.0
診療所	19,950	20.0
訪問看護ステーション	5,815	−

出典：病院、診療所「医療施設調査（静態）」（平成23年）（厚生労働省）
訪問看護ステーション「介護給付費実態調査」（平成23年）（厚生労働省）

（図D）ケアマネジャーが困難に感じる点

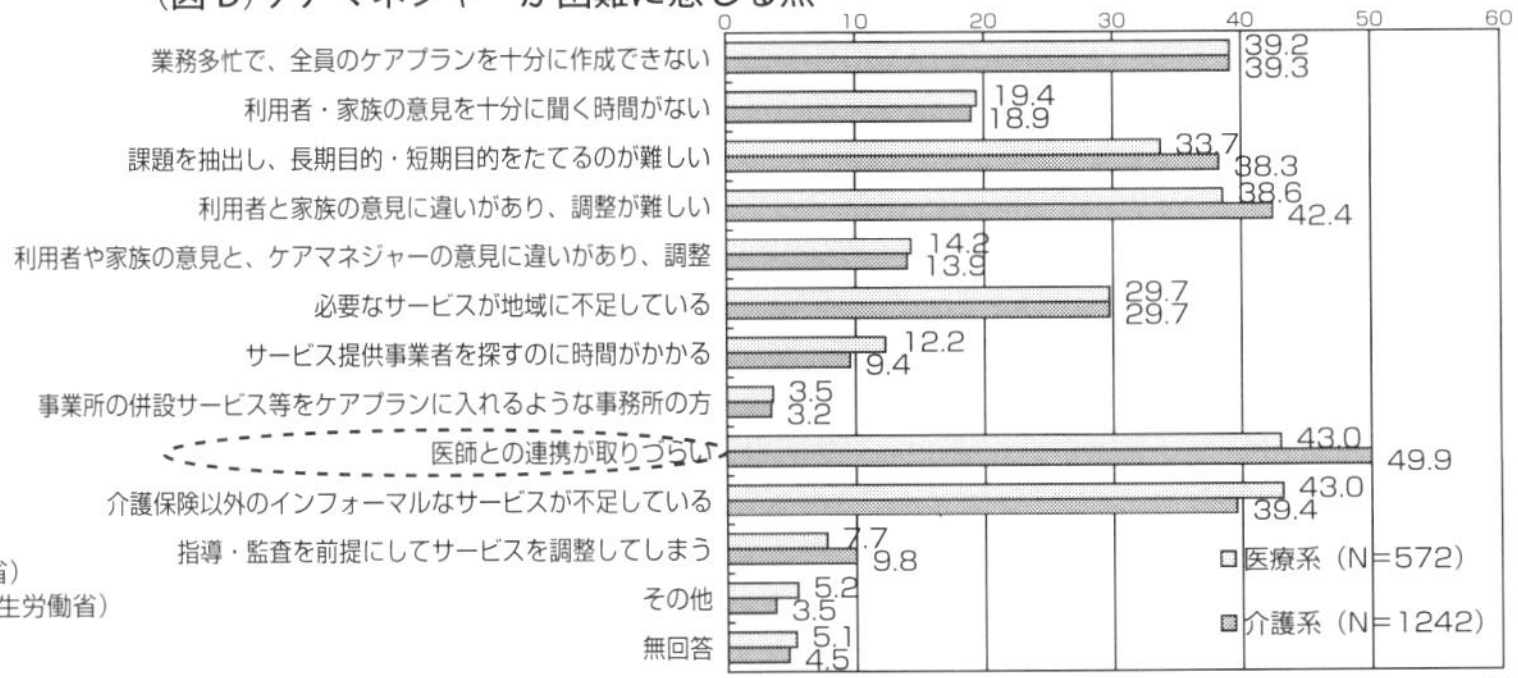

出典：居宅介護支援事業所及び介護支援専門員の実態に関する調査報告書（平成21年度老人保険健康増進等事業）

図1-1　在宅医療・介護の推進に当たっての課題

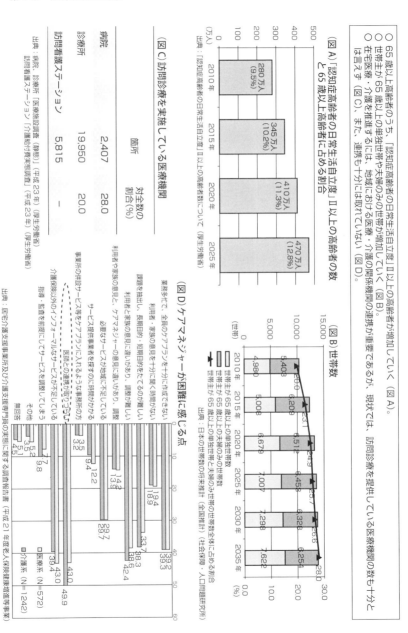

しが難しくなりました。団地暮らしをしていた女性は、骨折して階段が上り下りできなくなったことで、団地を出て施設に入るしかありませんでした。

風邪をこじらせたり、熱中症になったり、ケガをしたりすることは誰にも起こり得る「突然」です。そうしたときに介護施設を探そうにも、見つからず、手助けしてくれる人もなく、孤立したまま事態を深刻化させてしまう人がとても多かったのです。

もっと初期の段階で――たとえば病気であれば軽症のうちに、ケガであれば起きた直後に――周囲に助けを求めていれば、それほど事態を悪化させずに済んだかもしれない、そう思えるケースがほとんどでした。

「なぜ、助けを求めないのだろうか」

一人暮らしの高齢者の多くは、同居する家族がいないため、周囲に助けを求めるしかありません。しかし、状況が悪化する前にＳＯＳを出して助けを求めている人は、ごく少数です。多くの人は、ガマンしているうちに状況を悪化させ、衰弱してから助けられたり、孤立死したりするケースもあるのです。もどかしい思いを抱えながら取材を続けました。ＳＯＳを発することなく、たった一人で亡くなっていく「無縁死」とも言える悲しい死の軌跡を遡ると、「助けを求めようとせずにいる高齢者たち」の姿があることもわかってきました（「無縁死」については次章で詳細）。

3　「ラジオが友だち」と語った男性

無縁社会を取材するきっかけとなったのは、ある男性との出会いでした。それは２００８年12月30日、大晦日前日のことでした。その秋、日本はリーマンショックに見舞われ、〝派遣切り〟と言われる非正規労働者の雇い止めや失業が相次いでいました。特に、派遣労働をしていた人は、多くが派遣会社の寮に住んでいたため、仕事と家を同時に失った人たちが路上にあふれる異常事態が起きていました。そうした事態に労働組合やボランティア団体、NPOなどが連携してキャンプ村を立ち上げました。私たちがその男性と出会ったのは日比谷公園に出現した「年越し派遣村」でした。

男性は51歳（取材当時）、12月半ばに派遣会社を雇い止めとなり、数日間、サウナで寝起きしながら〝日雇い〟の仕事を探したものの、見つからず、路上生活を始めました。寝泊まりするようになった公園でボランティアが配っていたビラを見て〝年越し派遣村〟を知って、歩いてやってきたということでした。所持品はリュックと大きなカバンの二つ。着替えや洗面用具、履歴書や筆記用具など最低限の荷物が詰め込まれていました。カバンのポケットから出した貯金通帳の残高は百円にも満たない額でした。

インタビューをお願いすると、新宿の小さな公園を待ち合わせ場所に指定されました。

冬の寒空の下、公園で話を聞かせてもらいました。ベンチでの取材は3時間を超え、暖まろうと買ってきた缶コーヒーを勧めると、申し訳なさそうに受け取りました。

男性は、都内の私立大学を卒業後、食品を扱う商社で正社員として働いていました。海外出張なども頻繁に行っていて、給与も年収1千万円近くあったそうです。その頃は路上生活をする日が来るとは到底、想像していなかったと言います。しかし、突然、会社の業績が悪化し、営業部長をしていた立場から責任をとる形で辞職を余儀なくされました。すぐに再就職先が見つかると思っていましたが、なかなか見つからず、やむなく派遣で働き始めたそうです。派遣先の業種は、最初は事務など机に座ってできる仕事でした。しかし、徐々に事務の仕事はなくなっていき、そのうち土木関係の力仕事しかなくなっていきました。路上生活に陥る直前には、土木関係の仕事さえなくなり、引っ越しの手伝いや工場の清掃などが月に数回、ぽつり、ぽつりと入るだけで、貯蓄を取り崩してようやく生活を維持していました。そして、派遣の仕事を失った後、その貯金もサウナに数泊して底をつき、路上生活に陥ったのです。

「生活保護を受けないのですか」

私たちは、男性に繰り返し、強く勧めました。50代の男性が仕事を探すといっても、新卒の大学生であっても難しい不況下では、並大抵のことではありません。まずは、生活保護を受けて、住むところを確保した上で就職活動をしたらどうですか、と勧めましたが、受けたくない、の一点張りでした。

「私は仕事を辞めたとき、離婚をして家族とも断絶しました。私が死んでも誰も困る人なんていない。働ける人間が働かずに税金の世話になるなんて……」

頑なに生活保護を拒む男性に対して、説得を続けました。

「こんな冬空の下、路上生活を続けていたら命にかかわります」

生活保護の申請を支援する活動をしているＮＰＯを紹介するから、と勧めましたが、それでも男性は受け入れません。

「私のように役に立たない人間に、税金を使うことはない。野垂れ死んだほうがいい」

男性は仕事を探し、自力で生活をすることにこだわり続けていました。公園に寝泊まりしながら、それでも毎日、就職活動を続けていました。朝起きると、公園の周辺にある自動販売機の釣り銭口に手を差し入れ、残っている釣り銭を探し回ります。小銭を集めると、今度はゴミ箱からスポーツ新聞を拾ってきます。スポーツ新聞には日雇い広告が出ているからです。それを見て、公衆電話で募集先に電話をする、という繰り返しでした。交通費がないため、面接する場所に6時間ほど歩いて行ったこともありました。しかし男性の仕事は決まりませんでした。

冷たい雨が降っていたある夜、男性は公園のベンチでビニール傘を差しながら、ラジオのイヤホンを耳に入れました。

「何を聴いているんですか？」

そう問うと、ぽつりと話してくれました。

「聴くのは、演芸番組が多いかな。でもニュースも聞きます。何が起きているのか、知らないと世の中から取り残された気持ちになるからね」

凍えるような寒さの中で、じっとベンチに座ってラジオを聴き続けていました。

「撮影は終わりましたから」、そう声をかけると、男性は、ふと顔をあげて言いました。

「今は、ラジオだけが〝友だち〟です」

その言葉を発したときの何とも言えない寂しい表情が忘れられません。

それでも生活保護を受けようとしない男性に私たちは何もしてあげられませんでした。

1ヵ月ほど継続取材した後、男性は公園から姿を消しました。取材スタッフは、しばらく周囲を探しましたが、結局、見つけることはできませんでした。

「きっと仕事が見つかって、どこかで元気でいてくれる」、そう信じたい思いと「どこかで命を落としているのではないか」という思いとが頭の中で行ったり来たりしました。しかし、事実を知る手がかりはもうありません。

支えの手を差し伸べるだけでは、つかまろうとしてくれない、孤立する人たちの心の闇の深さに接したとき、私たちは社会保障制度だけでは救いきれない現実を知ったのです。それは今の制度の限界が見えた瞬間でもありました。

4 「迷惑をかけたくない」――孤立から抜け出せない人たち

無縁社会の取材を通じて、一人暮らしをする中高年の人たちを数多く取材しました。その現場で耳にタコができる、と思えるぐらい聞いた台詞が「迷惑をかけたくない」でした。

取材を続けるうちに、この「迷惑をかけたくない」という心理が支援を遠ざける遠因ともなっているのではないか、と気づかされました。

その言葉の意味を教えてくれた一人が、5年前、出会った79歳の女性です。自分の親を介護するために結婚することもなく、独身を通して生きてきた強い人でした。名古屋市の中心部にあるマンションで暮らしていた女性は、満州からの引き揚げ者だったために、兄弟とも連絡が取れず、頼れる親戚もいません。天涯孤独でした。

女性が「独り」を意識したのは、看護師の仕事を辞めて、家で時間をもて余すようになってからだったと言います。

「働いているときは、幸せだった。人と言葉を交わし、人に必要とされ、人を生かす仕事だったから」

女性は看護師の「仕事」が生きがいだったと話してくれました。助産師の資格をもっていたため70歳まで仕事を続けていたせいか、出会ったときも80歳近くとは思えないほど足腰もしっかりしていて、一緒に歩くと早足に驚かされました。

そんな女性が初めて「一人でいること」に強い不安を感じたのは、退職後、1週間ほど体調を崩して寝込んだときでした。

「食事が作れないけれど、どうしたらいいんだろう、食べに行く元気もない……」

電話をかける相手も思いつかないまま、一人で何とかしようと我慢を続け、その挙げ句に食事も十分にとれなくなり、衰弱し、水だけを飲み続けていたそうです。

「食事を作りに来て、と頼める人もいない。出前のソバも一人分だと店に迷惑がかかると思うと二の足を踏んでしまう。弁当を買いに行く気力さえなくなって、途方にくれました」

取材で訪れたとき、私たちにそういう経験があるからこそ、万が一のときに常に備えている、と冷蔵庫を見せてくれました。

「ほら、ここには3ヵ月分は食べていけるように食材が入っているのよ」

冷蔵庫には、小分けにされたご飯、おかず、肉、魚、食パン、冷凍庫にはカレーや煮物、うどんなどがビッチリと詰め込まれていました。驚いていると、それだけではない、と隣の部屋のドアを開けました。天井まで高く積まれた食品の数々。乾麺から水、缶詰、1年でも食べていけそうな量です。

「これだけあれば、買い物に行けなくなったりしても、食べていけるでしょう？」

一人で生きていくリスクを常に感じて生活している様子でした。

「これも見てちょうだい」

女性は部屋の片隅に置いてあるスーツケースを引きずってきました。ケースを開くと、スリッパ、パジャマ、タオル、歯ブラシ……。

「これは何ですか？」

「入院セット」

女性は自分が倒れたときに、必要なものを事前にそろえて入院セットを作っていたのです。看護師という仕事柄からなのか、使い捨ての下着まで入っていたのには驚きました。

「お洗濯してくれる人はいないし、看護師さんに迷惑かけられないからね」

得意げに話す笑顔がなぜか痛々しく感じ、マンションを去りがたかったことを覚えています。「仕事」が生きがいで、「職場」が唯一の居場所だった女性は、定年退職後に社会との接点が絶たれていました。そのことに、体調を崩して初めて気づかされ、備えるようにしていたのです。

女性は、私たちスタッフに一番心配なのは、自分が死んだ後に「後始末」をしてくれる人がいないことよ、と話してくれました。そのために女性は名古屋に本部をおくＮＰＯと生前契約している、と話してくれました。亡くなった後、家族に代わって火葬、納骨、遺品整理などを生前契約で行っているＮＰＯです。女性は、さらにＮＰＯが所有する共同墓地にも申し込んでいました。

「一人で入るお墓を建てても、墓参りしてくれる人もいないから。たくさんの人と一緒にはいれば寂しくない」

女性が契約した共同墓地には、１千人余りが合同で埋葬されます。自分が入る予定の共同墓に度々、お参りしているという女性に一緒に連れていってもらいました。

「あの世にいっても、寂しいのはイヤだから」とつぶやいていた言葉が耳に残っています。

こうした死後のサービスを生前契約で行う企業や団体は増え続けています。頼れる家族がいない人たちは、もちろんですが「子どもに迷惑をかけたくない」と共同墓地を選択する人も増えているというのです。ニーズの拡大を背景に、業界は拡張し続けていますが、何ら規制がないため野放しの状態です。まさに「玉石混淆《ぎょくせきこんこう》」で、高齢者に喜ばれるサービスを展開しているところもありますが、一方で消費者被害も広がっています。ニーズの拡大に応えて公的な枠組みの中で、こうしたサービスを供給していく体制ができれば、と思わずにいられません。

「社会に迷惑をかけずに、死後の後始末をしてもらいたい」

単身高齢者の「迷惑をかけたくない」という深層心理が、新たなビジネスを生んでいく兆しは他の分野でも生まれ始めています。

名古屋の女性は、ＮＰＯと契約してから、老後の大きな不安が取り除かれ、安心感に包まれたと話してくれました。そうした今、残る不安はひとつだけ、と胸中を打ち明けてくれました。

「ＮＰＯに頼んでから、死後の不安はなくなったんですけど、そもそも私が死んだことをどう伝えればいいのかしら。私がここで死んでても、骨だけになってても、わからないと思うの。誰がＮＰＯに伝えてくれるの」

「他人に迷惑をかけたくない」、と自分の手で死後の契約までした女性。毎月７万円足らずの年金収入でつましく暮らしている女性が支払った契約金は共同墓地の費用も合わせて、４百万円を超えていました。それでも不安は拭えず、部屋で孤独死をして腐乱遺体となって発見されて、他人に迷惑をかけたらどうしよう、と思い悩んでいるのです。女性の質問に答えられないかと「おひとりさま」向けのサービスを取材してみました。すると、費用はかかりますが、サービスのメニューは多様でした。

たとえば警備会社のサービスとして「丸一日、トイレの利用がなければ自宅訪問して見回ってくれる」というサービス。

さらに「赤外線を部屋に張り巡らし、動作確認できなければ見回ってくれる」というサービス。この会社は「発作などを起こしていても、即時に発見できる」ことを売りにしていました。さらに大手家電メーカーが売り出した湯沸かしポットは、お湯を沸かすと携帯電話のメールで「安心メール」が届きます。一人暮らしで不安を拭えない人たちがいるからこそ、サービスのメニューも増えていったのでしょうか……。

結局、元看護師の女性には「まだ、お元気なんですから〝孤独死〟なんて心配しすぎですよ」と答えました。それでも女性は、思い出したように、何度も死後のことを訴えました。

「私が死んだら誰が見つけてくれるの。死んだら電話もらっても出られないし」

不安をぬぐい去れない女性は、施設への入所を希望しています。しかし、看護師として働きながら両親を介護していた女性は、正社員ではなくパートタイマーだったため、年金は７万円ほどしかありません。その収入で入れる特別養護老人ホームは、待機している入所希望者が50万人を超えています。女性は足腰も丈夫で認知症の症状もなく、介護の必要がないため、要介護度は認定されていません。今、介護度の重い人に入所者を限定している特別養護老人ホームに入れる見込みは、ほとんどないと言っても過言ではありません。一人暮らしに不安があっても、一人で暮らし続けるしかないのです。

取材を終えて、女性のマンションを去るとき、必ず渡されるものがあります。「ゆで卵」です。一度、取材が長引いたときに「お腹すいたでしょう」と、ゆで卵を食べさせてくれました。その気遣いが嬉しくて「私、ゆで卵大好きなんです」と話すと、次に取材に訪れたときから、帰るたびに「ゆで卵」を持たされることになりました。

気を遣わせて申し訳ないと思いつつも、受け取ると心から嬉しそうな顔をする女性を見ると、断ることもできませんでした。ゆで卵をもらって「いつも、すみません。ありがとうございます」と言うと、「ありがとう、だけでいいの。ありがとうって言ってもらいたくって、ゆで卵作ったんだから」と言う女性。人に感謝される仕事に就きたい、と看護師の仕事を続けてきた女性は、仕事を辞めてから「ありがとう」を言われることもなくなっていたのかもしれない、そう思いました。

人に感謝されたい……。

誰かに必要とされていたい……。

たった独り、話し相手もない日々の生活の中で心の中に抱え込んでいる女性の寂しさを「ゆで卵」に教えられた思いでした。

5　若い世代に拡がる「無縁社会」

仕事を定年退職し、配偶者を亡くすなどした高齢者に急速に拡がっていた「無縁社会」。取材を始めた頃は、人生の晩年に孤立する人たちが急増している現象だと思っていました。

しかし、番組を放送すると、若い世代からの反響がインターネットを中心に拡がっていったのです。

「俺も無縁死するしかないな」

「無縁社会、他人事じゃない」

家族もいて、仕事もあるはずの若い世代になぜ無縁社会が拡がっているのか――反響を受けて、若い世代に拡がる無縁社会の実像に迫ろうと取材を始めました。すると、不安定雇用や未婚化を背景に社会とのつながりを失い、孤立する若者が増えていることがわかってきました。

取材で出会ったのは、団塊ジュニアと言われるロスジェネ世代の人たちです。無縁社会の番組を見て「他人事ではない」とネット上に〝つぶやき〟を書き込んだ30代の女性は、非正規で働いていました。収入は不安定で、結婚の予定もなく、将来の見通しが立たないものの、実家の親を頼ることもできない、と行き詰まった思いを話してくれました。

友人や仕事仲間との付き合いはあっても、「将来が不安」と女性は話してくれました。そんな女性が大切にしているのがインターネットを通じた〝つながり〟でした。取材をしているときも、女性は、ずっと携帯電話やパソコンの画面で〝会話〟を続けていました。ネット空間にいる見知らぬ誰かとつながっているだけでも少し安心する、と電車での移動中も時間さえあればネット画面に向かいます。その〝つぶやき〟は朝起きてから、寝る前まで続けられていました。

今、通勤電車に乗ると、ほとんどの若者は手に携帯電話を持っていて、インターネットを利用しています。インターネットというツールが新たなつながりを生み、その〝つながり〟は急速に拡がっています。こうしたネット上でつながるためのソーシャルメディア（フェイスブックやツイッターなど）を利用している若い世代に取材をすると「実社会での〝つながり〟は疲れるけど、ネット上のつながりは面倒くさくない」という答えが返ってきます。確かに、直接会うよりも、電話の方が楽に会話できますし、さらにメールの方がもっと簡単に意志を伝えられます。ネットのつながりは、そういった意味では、「楽につながれる」便利なツールなのかもしれません。

かつて、人と人との「つながり」は面と向き合って、面倒くさいことを背負わずには築けないものでした。インターネットの普及が新しいつながりの形をもたらしているとすれば……これまでネットには疎遠だった高齢者世代にも普及を図っていくことで社会から孤立しがちな高齢者世代にも何らかの効果をもたらすかもしれません

6 「たまゆら」火災事故が教えてくれた無縁社会の断面

平成21年3月19日に発生した「静養ホームたまゆら」の火災事故。群馬県渋川市にある高齢者入所施設にもかかわらず、東京都内で生活保護を受けている高齢者が15人も入所していたことが社会を驚かせました。この事故をきっかけに取材を進めていくと、生活保護を受けている高齢者は、孤立を深めてしまう人がほとんどだとわかってきました。

そもそも生活保護を受けている人は家族からの支援が得られない人たちです。その時点で家族との〝つながり〟をもたない人がほとんどだと言えます。その上で、生活保護を受けると財産の全てを処分し、生活保護費で決められた上限額以内の賃貸住宅に引っ越すことになります。東京都の設定している賃貸住宅の費用は一人暮らしの高齢者の場合は5万数千円程度。この費用で借りられるところは限られます。しかも費用の範囲内であっても、「生活保護を受けている単身者」とわかって貸してくれる不動産業者は、なかなか見つかりません。

取材を続けると、「生活保護ＯＫ」とか「福祉アパートあり」と張り紙をした不動産業者が見つかりました。

話を聞くと「単身で身元保証人がいない生活保護の受給者は、孤独死などのリスクもあり普通の不動産は敬遠される。結果的にそういった人たちを専門で引き受ける施設は限定される」と教えてくれました。いわゆる〝福祉アパート〟と呼ばれているもので、築年数が古い老朽化した木賃アパートがほとんどです。トイレが共同で風呂ナシ、築年数が40年、50年といった取り壊し寸前のアパートが生活保護受給者の受け皿になっていました。

そうした老朽化したアパートも今、防災上の観点から順次取り壊されています。それに代わる受け皿もないことから、自治体のケースワーカーは生活保護の受給者から「住む家が見つからない」と相談を受けても斡旋先が見つけられなくなりました。生活保護の受給者の中には、認知症や持病の悪化などで医療費が払えなくなり、保護を受けている人も少なくありません。そうした重い病状の人たちは、居場所が見つからないまま放り出すわけにもいかず、都内で居場所が見つからない場合には、遠方の施設に頼らざるを得ない状況が続いています。

しかし、年老いてから住み慣れた場所を離れることは負担も伴います。いきなり、見知らぬ町に行っても迷子になることをおそれ散歩できなくなったり、会いに来る友人もないため部屋に閉じこもりがちになったりして、孤立してしまう人が少なくありません。

さらに、生活保護を受けたことによる精神的な負担も追い打ちをかけています。福祉アパートに暮らす人たちを取材した際、多くの人たちから、「生活保護を受けてから、年金暮らしの人と交流をもてなくなった」「自分がみじめで人と接する機会をもたなくなった」などという声を聞きました。生活保護を受けることは憲法で認められている権利であるにもかかわらず、実際に制度を利用している人は罪悪感にとらわれ、自分から殻に閉じこもり、無縁化してしまう実態が浮かび上がりました。

7　おわりに

社会から孤立し、社会保障制度の網の目からこぼれ落ち、ＳＯＳを発することもなく無縁化していく弱者は世代を問わず、増え続けています。

しかし、新たな〝つながり〟を模索する動きは各地で拡がっています。東日本大震災を経験したことも、そうした動きを加速させているといえるかもしれません。

必要とされる場所があること、必要としてくれる人がいること。そうした居場所作りに積極的に動き出した人たちが、新たな「つながり」を再構築し始めています。

在宅医療・在宅介護の現場でも、単身社会に応じた対策を講じ始めています。

「迷惑をかけたくない」と一人で生きる人たちの心の声に寄り添った優しい社会が実現する日が訪れることを祈りながら、無縁社会の現実と向き合い続けたいと思います。

第2章 無縁社会の過程と課題*

1 はじめに

「無縁社会」。

このことを最初に投げかけたのは、２０１０年１月31日。ＮＨＫスペシャル「無縁社会～〝無縁死〟3万2千人の衝撃」という番組からです。

その冒頭部分のナレーションは、次のように始まります。

「東京・湾岸署。同行取材をしていた私たちの元に、この日も身元不明の水死体が発見されたと連絡がありました。毎日のように発見される水死体。この日見つかったのは、60代とみられる男性でした。ここ

＊　本章は、２０１１年9月2日に行われた日本心理学会主催の公開シンポジウムでの特別講演をもとにしている。

数年、警察が捜査をしても名前さえわからない、身元不明の遺体が増え続けています。いま、都市部で急成長している新たなビジネス。亡くなった人の遺品や遺骨を専門で整理する特殊清掃業者です。部屋には遺骨が残されていました。家族が引き取らなかったものです。遺骨は宅配便で無縁墓地へ送られていました。持ち込まれる遺骨の数が増え、自治体が対応に追われています。

無縁死とも言える新たな死。何か異常な事態が起きているのではないか。私たちは、無縁死がどれだけ起きているのか、全国1783（放送段階）、全ての自治体に独自に調査を行うことにしました。引き取り手がなく、自治体によって火葬、埋葬された人の数を調べました。その結果、わかっただけでも一昨年1年間（2008年）に3万2000人もの無縁死が起きていることが初めて明らかになりました。その中で私たちが注目したのは、単身者、一人で暮らす人が多いことでした。

気付かないうちに水面下で広がっていた無縁死。いま、一人で生きる人たちの間で不安が高まっています。家族や会社との繋がりを失い、孤立して生きる人たち。いま、無縁社会とも言える時代に突入しています。

無縁死、3万2000人。私たちはその真相に迫ることにしました」

2　引き取り手のない遺体が増えている

前述「無縁社会」の冒頭で水死体が見つかった場面があったように、私が事件記者をやっている中で、あのような場面に何度も遭遇をしています。ただ、やはり事件性がないと、警察も私たちマスコミも取り上げることはほとんどなくて、その後、亡くなった人たちがどうなっていくのかというのはよくわからないままになっています。私はそういう事件の取材を続ける中で、身元がわからないまま亡くなった方々が、どのようにこの後、扱われ、どれくらいのボリュームでいらっしゃるのかということがずっと気になっていました。事件記者時代の頃は、次から次へと事件が起きますので、それに追われて、こうした人たちのことを取材することもできずにいたという、若干「申し訳ないな」という思いだとか贖罪の気持ちがあって、それが今回の取材の原点になっていました。

実際、こういうことを調べるにあたって、警察、自治体、それに国もそうですが、様々なところに聞いてみました。そうすると、皆、口を揃えて言うのが、「引き取り手のないご遺体、仏さんというのは、すごく最近増えている気がする」といいます。そういう感覚は皆さんおもちだったのです。それで実際に数字にして表してみようとすると、たとえば、厚生労働省に聞いてみると、「それぞれ自治体に聞いてもらわないと、実際のところはわからない」ということでした。感覚的には身寄りがなくて亡くなって引き取られないケースは多いのではないかと皆言うのですが、具体的に数字で表せなかったのです。それで、仕方なくという状態で、１７００ヵ所以上の自治体に一件一件電話を入れて、ファックスを送って、無縁死になっている方々がどれだけいるのか調べるという作業を行いました。こうした取材手法は、ＮＨＫが独自の調査によって明らかにすることから「調査報道」と私たちマスコミの業界では呼んでいますが、この「調査報道」というのは、すごく時間も手間もかかります。時間も手間もかけたその結果、数字としてお示ししたのが、無縁死３万２０００人という数字だったのです。実際それだけの人が、亡くなっても身元が分からなかったりして引き取られない、いわゆる無縁死の状態になっているという、全体像がまずわかったわけです。

その次に調べなければならないのは、それぞれの個別ケースはどうなのだろう、どういう状況で無縁死に至ってしまったのだろうということです。それを調べるためには、一件一件つぶさに調べるということしかありません。その取材の拠り所にしたのが「官報」です。「官報」は、ふだん日常生活を送っている限りではあまり目にすることはないと思いますが、国が毎日発行しているもので、たとえば、こういう法律ができた、こういう条例ができた、こういう方が破産した、こういう会社が倒産した、そのような情報が掲載されているのです。その「官報」の片隅に、「行旅死亡人《こうりょしぼうにん》」という掲載欄があります。「行旅」というのは、「旅行」という字をひっくり返したものです。「官報」は、直近のものであれば、インターネットでも見ることができるのですが、ほとんど毎日載っています。この「行旅死亡人」には、どのような情報が載っているかというと、いつ、どこそこで、どんな人、たとえば、何歳代でどんな服装の方が亡くなっていました、所持品はこんなものがありました、ただし、身元を証明するものがないので、親族の方、縁者の方がいらっしゃれば自治体まで連絡をくださいという文章なのです。この文章は、ほとんどが10行くらいで簡潔に書かれています。おそらく一般の方が目にすることはほとんどないと思いますが、私は、それを毎日めくって、東京、神奈川、千葉、埼玉で、およそ100ヵ所くらい、実際に、その方が亡くなったという現場に足を運びました。そして、「どんな方だったのですか」ということを一つひとつ聞き込んでいくという作業を約1年間続けました。もちろん、身寄りがない状態で亡くなっている方ですので、ほとんど手がかりは途中で途絶えてしまいます。途絶えてしまうのですが、人間誰しも透明人間ではないので、一つひとつ詳細に当たっていくと、「この人はこういう名前だったよ」「どこそこに勤めていたことがあるよ」「ふるさとはこっちの方だったらしいよ」という情報が、断片的ではありますが集まってくるのです。そうして、無縁死の全体像を全国の自治体から調査し、個別の現場に一つひとつ足を運んで聞き込みを行って調べていってわかったことをまとめたのが今回のこの番組でした。

3　無縁死と大都会

家族が居ない人たちの場合

その中で見えてきたものをいくつかお伝えしたいと思いますが、無縁死のケースで圧倒的に多かったのが、地方から東京に出てきて東京で働くようになって、あるいは大阪でもそうですけれども、都会に出てきて働く中で、地元に帰れなくなるというケースでした。帰れなくなっているうちに、故郷に残していた親が亡くなる。故郷の親が亡くなると、なかなか故郷に戻る理由がなくなるわけで、東京でずっと暮らしていくことになります。こういう人は、たくさんいると思います。しかし、東京へは働きに来ているわけなので、職場以外、そんなに知り合いがいない状態で働いていて、結婚をしない方、もしくは結婚しても離婚された方、こういう方が住宅街のアパートの一室で亡くなり、引き取り手がないというケースがすごく多かったのです。私の出身は大阪ですが、親がいるから大阪に里帰りで戻るけれども、親が亡くなってしまえば、自分の今の生活の拠点、たとえば働いている場所に居続ける人たちが、現代ではすごく多いのではないかと思います。そういう人が「行旅死亡人」になる可能性は否定できないと思います。また、無縁死が起きた現場の周辺にも、言い方は悪いですが、「無縁死予備軍」に近い人たちが数多く住んでいらっしゃいました。たとえば、実際に亡くなった人の現場に足を運ぶと、「亡くなったこの人は、こういう人だよ」と故人のことを色々と教えてくれる、隣に住んでいる人や、またその隣に住んでいる人に、似た背景をもっている人がすごく多かったのです。つまり地方から出てきて30年とか40年とか、ずっと東京に居着いたまま故郷に帰っていないとか、結婚したものの離婚して、今は身寄りがないだとかいう方々が多くいらっしゃいました。私は亡くなった方の取材のために現場に行っているのですが、その周りに同じような背景事情をもった人たちが、たくさん暮らしているということが見えてきました。それを見たときに、言い方は悪いですけれども、ある意味、「無縁死予備軍」に近い方がたくさん周りにいて、いつそういう状態になってもおかしくない現実が広がっていることが、現場を歩く中で目にすることがすごく多かったのです。

家族がいる人たちの場合

身元が分からなくて無縁死になるケースだけではなくて、自治体などに取材をして現場で遭遇したケースでもう一つ多かったのが、実際に家族はいるのですが、引き取られないというケースです。これはどういうことかというと、自治体の福祉課などに話を聞くと、「ああ、今日もありましたよ、〝引き取り拒否〟が」という言葉をよく聞きます。「引き取り拒否」というと、いったい何が起きているのか、親族を親族とも思わないひどい親戚が多くなっているのかなとか、家族の仲が悪くなっているのかなと最初は思っていたのです。ところが、取材を進めていくと、引き取らなかった方がどういう人かというと、圧倒的に多いのが、甥とか姪なのです。つまりどういうことかというと、たとえば、突然、「あなたの叔父さんが亡くなったのですが、引き取ってくれませんか」という電話が自治体からかかってくる。たとえば、会社にかかってくる。「確かに叔父さんだけれども、30年前に冠婚葬祭で隣のテーブルに座って会話をしたことはあったが、それ以上、そんなに付き合いをしていない」というようなケースがすごく多いのです。だから、「引き取ることはできない」というのです。これは取材をしていて実際そういうケースに何度も出会いまして、無縁死の現場から取材でたどっていって親族の方にまでたどり着いてお会いしてお話をしたこともあります。そのときに言われたのが、「だって20年30年会っていなくて、急に〈引き取ってくれ〉と言われても、どうなんですか」ということを数多く聞きました。なぜ、引き取りの依頼が、甥や姪にいくのかというと、結婚していないケース、もしくは結婚していたけれども離婚したケース、死別して一人になってしまったケースで、いずれも子どもがいない。遺体の引き取りというのは、妻であるとか夫であるとか、もしくは子どもであるとか、そういうところに行くわけですけれども、そういう方がいない場合は、仕方なしにきょうだいの子ども、つまり甥や姪に引き取り願いが行くわけです。取材をする中で、私も自分の身に当てはめて考えてみると、仮に20年、30年、行き来がない叔父や叔母が亡くなり、会社に電話がかかってきて、いきなり「遺体を引き取ってほしい」と言われたときに、私自身もちょっと考え込んでしまうなと思ったのです。

4　家族のあり方が変わってきている

これはどういうことかというと、心ない親族が増えているということではなくて、家族のあり方の変容が、引き取り拒否が多くなっている背景にあると思うのです。つまり、昔は三世代同居というのが当たり前だったと思いますが、それが核家族になって、今は、一人暮らしの単身世帯というのがすごく増えてきていて、単身化が進んだ状態になっています。単身には様々な理由がありますが、結婚しないという、よく「お一人様」というケース、もしくは結婚はしたものの子どもがいない夫婦というのは、結構、今多いですし、少子化も問題になっていますけれども、そういう、単身、離婚、未婚、少子化、ずっと結婚しないで50歳を超えても結婚しないという「生涯未婚」であるとか、そういった家族の変容というものが実は背景にあるのではないかと思います。それが亡くなったときに、引き取り拒否となる。社会的な家族の変容といった背景が、「無縁社会」というものを後押ししているのではないかと、私自身取材をしていて感じました。そして、このことは、今まさに取材をしていて現実に目の前で起きていることではあるのですが、さらに将来に拡大していく未来の問題でもあると思っているのです。といいますのも、単身化というのは、これからさらに拡大していく問題でして、世帯類型では、もともとは夫婦世帯が一番多かったのですが、２０３０年になると単身世帯が、47都道府県で世帯類型のトップになり、東京では半数が単身世帯になるという時代を迎えようとしています。先ほども言いました50歳になっても一度も結婚していない「生涯未婚」、その比率を「生涯未婚率」と言いますが、これは、２０３０年だと、男性の３人に１人が、女性だと４人に１人がそうなるといわれています。つまり、私は、今、目の前で起きていた現実を前に、これは問題だし、みんなで考えた方がいいと思って、「無縁社会」ということを問題提起したのですが、これは現実の問題であると同時に、これから将来にわたって加速していく問題なんだということを取材しながら感じました。今から手を打っていかなければならない問題なのではないかと思いました。

5　無縁社会への対策を考える

無縁は世代や貧富の差に縛られない

社会的背景、家族の変容があって進んできた、もしくはここからも進んでいく「無縁社会」をどうすればいいのか。実は、「無縁社会」の番組というのは、最も若い方でも55歳の人が登場人物で、上は74歳でした。ところが、この番組を放送した直後にインターネット上で、たとえば、30代とか40代の方が、ツイッターで「自分は今は身体は健康だし、仕事はあるけれども、仕事がなくなったら自分も他人事じゃないな」というふうにつぶやいていた例がすごく多かったのです。これは、取材していた私自身驚きでした。それでツイッターで「他人事じゃない」とつぶやいていた人たちに連絡を取って話を聞いていきました。すると、やはり30代とかの若い世代であっても、たとえば、非正規雇用の職を転々としているとか、年齢が35歳を超えると、なかなか次の転職先がなくなってくるというのが現実問題としてあると言っていました。仕事がなくなったときに、「じゃあ次はどうするんだ」ということを、将来不安として感じてつぶやいている方が、30代の人たちにすごく多かったのです。つまり「無縁社会」の問題は、高齢者とか中高年の世代だけの問題ではなくて、もう少し年代が下がった人たちにとっても、この問題が他人事じゃない部分があるのではないかと感じました。

こうなってくると、実は対策がすごく打ちにくいわけです。たとえば、高齢者だけの問題ならば、対象とする的が絞りやすいのですが、幅広い年代にまたがる問題であり、しかも実は貧富の差とあまり関係なく起きていることも見えてきました。この「無縁社会」の番組で、今回はご紹介していないですが、実は、某大手都市銀行に勤めていて、お金も比較的たくさん持っていて、だけれども、会社や仕事を優先するあまり家族とうまくいかなくなって離婚をしてしまったという方が登場します。今、その方が会社を辞めたとたんに社会とのつながりがなくなってしまったと。私もそうですけれども、名刺があるから男というのは挨拶できるのですが、名刺がなくなった瞬間に閉じこもりがちになり、なかなか周囲と交流しないということがあって、その方も同じでした。ひとりでアパート、マンションで暮らすのは不安なので、金銭的には困っていないので、老人ホームに入ったということでした。だけれども、お金で買えないものがあるということで、「無縁社会」を感じているとおっしゃっていまして、そうなると、高齢者、若者、貧富の差に関係なく、「無縁社会」の問題は出てきます。

「プロセスの解明」が解決の糸口に

こうしたときに、どのように対策を講じるのかというのは、すごく難しい。難しいのですが、ひとつ、私が考えるのが、自殺対策を、今、国で一生懸命やっています。この対策は、自殺をするまでに色々なファクター、要因があって、それに一つひとつ対策を打っていこうというものです。たとえば、仕事を失ってしまった。ただ、職を失っただけでは自殺はしないのです。職を失った後、もしくはほぼ同時に離婚して家族も失った。さらに、その後に、たとえば、うつ病になるなどして、そういう色々な要因が重なって、一つひとつ自殺に近づいてしまうステップを踏んでしまって、最後「死」に向かう。だから、その途中のところで、失職の問題、離婚の問題、病気の問題と、一つひとつケアをしていけば、実は止まる可能性があるということです。これは、自殺対策だけではなく、実は「無縁社会」も同じことが言えると思っています。つまり、「無縁社会」の取材を続ける中で見えてきたものは、倒産して仕事を失ったり、同時に家族を失ったり、病気になってしまったりと、色々なファクターがあって、最後、ひとりでアパートやマンションで孤立をして閉じこもって亡くなっていく。これは、「死」に対して、能動的、受動的の違いはあると思いますけれども、要因はすごく似ているのではないかと思っています。そういう意味では、無縁死に至るプロセスの要因というものを、まずは洗い出して分析をする、そしてどこかで歯止めをかける対策を打つということを行っていけば、対策を打つべき的が絞りやすいのではないかと思います。

支援者の横の連携

もう一つ、「無縁社会」は、続編の番組をいくつか放送していますが、その中で、たとえば、無縁死に近づく、身寄りもなく生きる気力を失って自殺する、いわば無縁自殺に近づく、そういった人たちへの支援をしようと活動しているＮＰＯというのは、たくさん日本全国にあります。その一つ、いわば無縁自殺しようとする人たちを保護する活動をしている和歌山県の施設を密着取材したことがあります。そこでは、自殺しようとした人たちを保護して、共同生活をやってもらう。共同生活にはほとんどルールがないのです。ただ、ルールはないけれども、15人とかが一緒に暮らすと、何かやらなきゃ気まずいという思いも出てきて、たとえば「自分は料理はできないけれども皿洗いはできる」というように、少しずつですが自分にできることをやり始めるのです。たとえば布団を敷くのは力のある人がやります。そうすると、共同生活という、小さな共同体のなかで、自分の「役割」を見つけることができる。そして、その「役割」を果たすことで、「ありがとう」と言われる。自分の「存在」を認めてもらう。このようなことがあって、何か一つ、一歩前へ踏み出すことができるということを、そのＮＰＯの取り組みを見ていて感じました。普通に暮らしている私たちだって、やっぱり「ありがとう」と言われたらうれしいし、「役割」とか、社会での「存在」みたいなものを認めてもらうと、頑張ろうとか前を向こうとする生き物だと私は思っています。このＮＰＯは、決して「無縁社会」を解決しようと思って活動をしているわけではないのですが、このような「無縁社会」の対策に役立つ活動をしているＮＰＯというのは、実は世の中にいっぱいあるのです。しかし、それぞれのＮＰＯは自分のところの取り組みだけで精一杯で、隣の県や隣の町で同じようなことをやっているＮＰＯと連携はしていないのです。つまり、横のつながりというものがないのです。それをつなげていって、それぞれの活動の点を面に広げていくというのも、一つの対策を広げるきっかけになるのではないかと思っています。点を面に広げていく媒介役になることは、国が役割を果たすことかもしれないと思っていて、私たちも、「無縁社会」の放送後、この問題を国の政策に活かすためにはどうすればいいかと考えて、国会議員の方々とも議論を進めています。

6　まとめ

「無縁社会」と言うと、絶望的な気持ちになるかもしれませんが、決してそうではないと思います。私たちは、取材をする中で感じたような原因分析をきちんと行う。そうすると対策を打つ対象の的が絞れる。もう一つは、「無縁社会」の対策に役立つ様々な取り組みをしているＮＰＯも全国にはあります。ただ、それが面の広がりになっていないだけで、うまく活動の点と点をつなげていけば大きな力になると思っていて、まだまだやるべきことはたくさんあると思います。

第3章 無縁社会についての社会調査の知見
――つながり構築に横たわる課題

1 はじめに

孤立および孤立死の予防策として地域への注目が高まっています。とくに孤立死にかんしては、その予防策として地域の見守りネットワークの形成、「支え合い」関係の強化が推奨されています。[*1]その背後には、これまで多くの人びとに関係を「担保」する機能を果たしてきた家族関係の揺らぎがあります。未婚率の上昇は、若年層の孤立の不安をかき立て、彼ら／彼女らを「婚活」へと駆り立てています。しかし、結婚し子どもを授かったとしても、孤立の不安が解消されるわけではありません。老親扶養の規範は大幅に緩み、老後についても自己責任で準備しなければならなくなりました。

＊1　たとえば、「高齢者等が一人でも安心して暮らせるコミュニティづくり推進会議」（厚生労働省）が２００８年に発行した報告書には、「〈孤立死〉予防型コミュニティづくりへの提案」として様々な方策が取り上げられています。この報告書はインターネットでも閲覧可能です〔http://www.mhlw.go.jp/houdou/2008/03/dl/h0328-8a_0001.pdf〕（２０１３年８月18日検索）。

2010年に内閣府が実施した『介護保険制度に関する世論調査』において、「可能な限り自宅で介護を受けたい」と回答した人の割合は、三七・三%に留まります。一方、老人ホームや病院などの施設介護を望む人は6割弱（五八・一%）です。この施設介護を望む人の理由をさらに尋ねると、七六・七%の人が「家族に迷惑をかけたくないから」と回答しています。これは施設介護を望む理由として群を抜いており、なおかつ、1995年から継続的にみられる傾向です。今や人びとは、他人に「迷惑をかけない」よう自己責任で老後の準備をしなければなりません。

1950年代から一貫して増加を続けてきた単身者世帯は、今後も増え続けると推計されています。高齢化率の上昇とともに単身高齢者が増えることは、ほぼ間違いありません。しかし、増えゆく単身高齢者の社会生活を保障する制度は、財政的にもそう簡単に整えられないでしょう。その一方で自己責任の要求は高まっています。そのような事情を背景に目を付けられたのが「地域のつながり」です。[*2]

しかし、「つながりづくり」というのは口で言うほど簡単ではありません。実際に、私が実施した地域包括支援センターへの聞き取り調査においても、政府が提唱する「つながりづくり」の方策に対する戸惑いの声があげられています。[*3] たとえば次のコメントを見てください。

行政は孤立に対して「何かやってくれ」とは言うんですが、具体的なことは言ってくれません。こちらも何をしたらよいのかわからないんです。ですから、問題が起きたら支援するということになってしまいます。（S地域包括支援センター）

つながりづくりの、「仕掛け」はまだあまりできていません。社協（社会福祉協議会）と支援センターで協力していかなくてはいけないんですが、そこまで手がなかなか回りません。啓発と個別相談に時間が割かれる上に、虐待への危機介入、介護保険の相談もあるので地域作りに一緒に入るところまでは時間がないんですよ。団体のないところにまで（つながりづくり）の働きかけはできていませんね。啓発の一環として話はするんですが、具体的に参画していくことまではできてません。社協が中心にやるべきと思っています。言ってきてくれないところをどうするかが問題ですね。（TC地域包括支援センター）

国は「地域づくり」など曖昧な命題を出してきます。地域づくりといっても具体的なものがありません。「いつまでもそこで暮らし続けられるような地域」といっても、それは当たり前のことで具体的な話がありません。決定すると責任を伴うから抽象的な表現しかしないんでしょうか？（M地域包括支援センター）

市が旗振りをして何かをすることは、まずありません。関係づくりは支援センターが前線に立ってやってくださいと言われています。実態を知っている現場と、理想が高くなりがちな市・都・国。公費が減る中、国は「地域の支え合い」と言いますけど、住民は自助より公助を使おうとするのが現実です。（W地域包括支援センター）

そもそも、日本社会には、第二次世界大戦後の経済発展と引き替えに、地域の関係を分断してきた過去があります。その負の遺産の精算なしに「つながりづくり」と言っても、それは「絵に描いた餅」に過ぎないで

＊2　もっとも、社会保障の整備等の「国家の責任」を「個人の責任」に還元する自己責任論は慎まなければなりません。本章では、自己責任論の妥当性についての議論には立ち入らず、地域のつながり構築に焦点を当ててゆきます。

＊3　この調査はA市における6地点の地域包括支援センターの職員10名に対して行いました。調査時期は２０１２年４月から５月で、一回の聞き取り時間は1時間前後です。

しょう。そこで本章では、まず、これまでの日本社会の方策が地域関係に与えたインパクトを振り返ります。次に、都市部における関係作りの難しさとその方策について検討してゆきます。

2 戦後における地域関係の動揺

経済成長と人口移動

戦後の日本が追求したのは、経済的利益の拡大を目指す資本主義経済システムの拡充でした。このシステムは、より多くの利益を生み出す可能性のあるところに、資本を集中的に投下させます。その集中箇所は特定の産業分野のみならず地域的な偏りも伴います。日本社会は「所得倍増」のかけ声のもと、太平洋ベルト地帯に資本投下を集中させました。輸出産業の成長により生み出された利益は、人びとの生活を上昇させ、「1億総中流」と言われる時代を到来させたのです。

大都市を基軸とした投資は、都市部に旺盛な労働需要を生み、地方から都市圏への大規模な人口移動を生み出しました。**図3-1**は1954年から2011年までの3大都市圏および地方圏の人口移動の様相を示しています。転入超過の場合に、グラフは0よりも上に位置され、転出超過の場合、グラフは0よりも下に位置します。これを見ると、高度経済成長が終焉を迎える1973年頃まで、三大都市圏への転入超過が続いていることがわかります。とくに、1954年から1969年までの人口移動の規模は目を見張るものがあります。この図からは、経済成長を基軸とした人口移動の凄まじさを読み取ることができます。[*4]

＊4　その後、中京圏、関西圏の転入超過は収まっているものの、1980年代後半と2000年代後半にかけて東京圏のみ、人口集中の傾向がみられます。これ自体も興味深い変化ですが、本論での趣旨と異なるのでここでは扱いません。

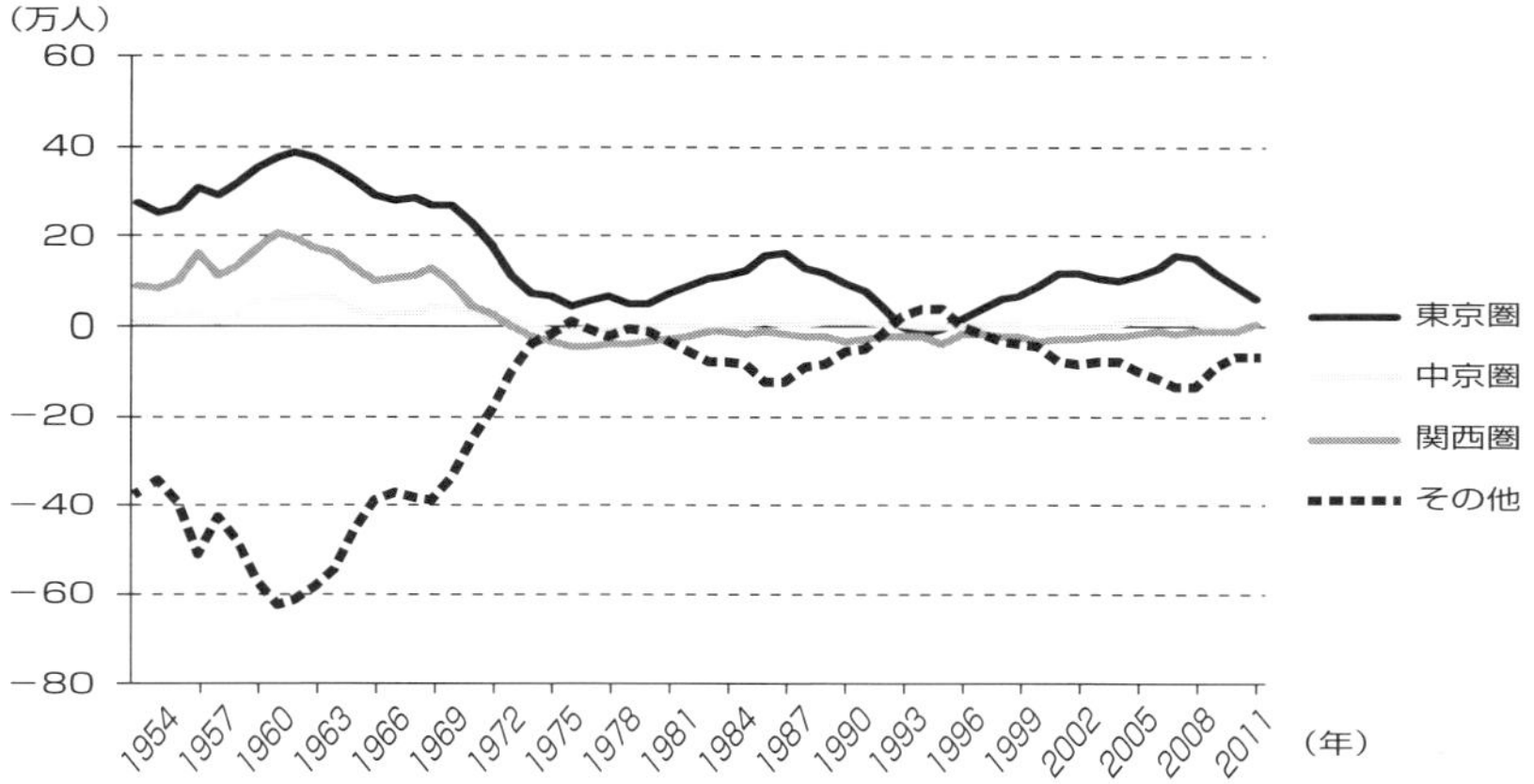

注１：『住民基本台帳人口移動報告』から作成。
注２：東京圏は東京都，千葉県，埼玉県，神奈川県，中京圏は愛知県，岐阜県，三重県，関西圏は京都府，大阪府，兵庫県，奈良県が入る。

図 3-1　1954 年から 2011 年までの転入人口の推移

高度経済成長に伴う人口移動は、発展著しいときには歓びをもって迎えられ、その翳りがでてきたときには懸念をもって受け止められました。成長当初、都市部への人口移動は「閉塞的なムラ社会からの脱出」「理想の生活の実現」「高みへの到達」として歓迎されました。１９６１年に出された農業基本法は、農業の小家族化、零細農家の離農を企図し、農民の工業人口への移動を奨励しています。しかし、成長が翳りを迎える１９６０年代後半になると、人口移動の負の側面も議論されるようになりました。いわゆる「過疎」「過密」の問題です。

過疎問題と社会生活の動揺

「過疎」という言葉が公文書に初めて登場したのは、１９６７年の経済社会発展計画においてでした。しかしながら、この時期に過疎を「問題」と位置づけ議論される機会は、あまりありませんでした。[*5]

とはいえ、政策的な対応は取られています。資本の都市への集中による地域間格差を懸念した政府は、

「国土の均衡ある発展」を掲げ、１９６２年から「全国総合開発計画」（全総）を展開しました。また、１９６５年には山村振興法、１９７０年には過疎地域対策緊急措置法が出され、過疎地への対策も強化されました。[*6]

これら一連の政策を通じて、過疎地のインフラ整備、地方への工場移転が進められ、地方の衰退には若干の歯止めがかけられました。しかしながら、こうした努力は問題の先送りに過ぎず、地方の状況を抜本的に変えるものではありません。それは、高度経済成長以降も、地方からの人口流出が止まっていないことに鑑みても明らかです。その背後には経済成長優先の経済システムの影響が透けて見えます。

高度経済成長を通じ、日本社会の物的豊かさは成熟期を迎えました。そのため、もはや、単にモノを作るだけでは売れない時代が到来しました。そのうえ、国内の人件費は高騰し、経営者の懐を圧迫しました。これらの現象は、利益確保を目的とした経営者に業態変換を差し迫ります。

製造業の経営者は、生産コストの抑制を図るべく、より安い人件費を求めて海外に工場を移転させました。一方、国内では大量生産ではなく、新たなモノを生み出す研究開発に重点がおかれます。その結果として、地方の工場は閉鎖を余儀なくされました。

製造業を見限った経営者は、飽和したモノからサービスに可能性を見出し、業態を移行させます。対人サービスを基本とする業種は、広い工場立地ではなく顧客としての人口量が収益を左右します。そのため、人口の縮小している地方よりも都市部での開業が必然的に多くなります。継続的な発展を目的とした業態変換は、結果として、地方人口をさらに吸い上げることになりました。

参考までに労働人口の推移を確認しておきましょう。**図3-2**は、１９５０年から２００５年までの第１次

＊5　１９６０年代から１９７０年代の過疎問題研究については山本（１９９７）を参照してください。
＊6　地域政策、過疎対策についての詳細は、大野（２００５）、山本・中島（２００９）、臼井（２００９）を参照してください。

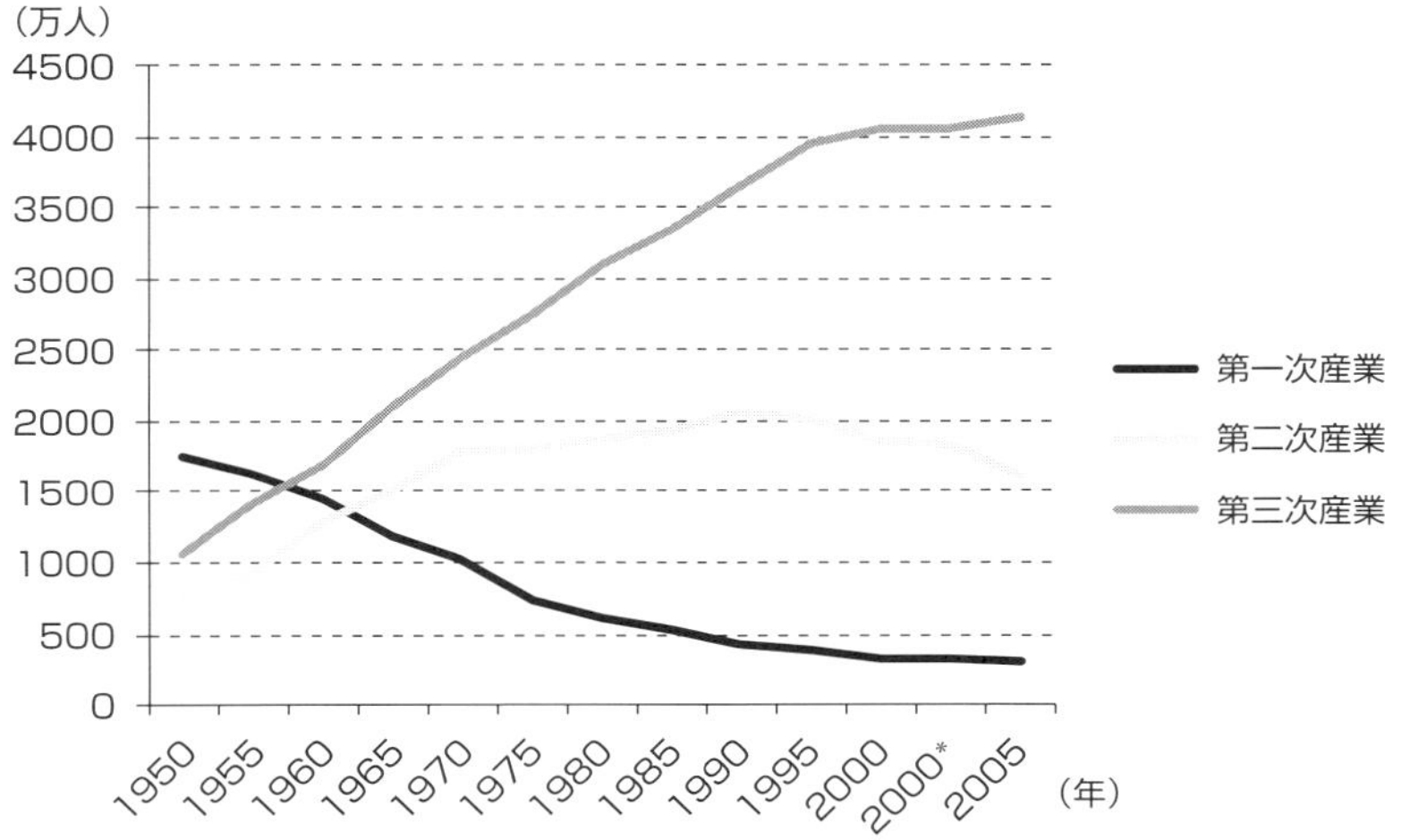

注1：『国勢調査』から作成。
注2：第1次産業は農業，林業，漁業，第2次産業は鉱業，建設業，製造業，第3次産業は電気・ガス・水道・熱供給業，運輸・通信業，卸売・小売業，飲食店，金融・保険業，不動産業，サービス業，公務（他に分類されない）。
注3：2000年の＊は2005年の産業分類に組み替えた集計である。

図3–2　労働人口の推移

産業、第2次産業、第3次産業に従事する労働人口の推移を表しています。これを見ると、１９５０年から１９７０年までと１９７５年以降で、労働人口の推移は異なった様相を見せることがわかります。１９５０年から１９７０年において、第2次産業、第3次産業の労働人口は、ともに急上昇しています。しかし、１９７５年以降になると、第2次産業の労働人口の上昇は緩やかになり、１９９０年以降は下降をたどります。一方、第3次産業人口は１９９５年まで上昇の勢いが衰えず、２０００年以降も緩やかに上昇しています。高度経済成長の終了とともに、製造業の人口は停滞・縮小し、サービス業の人口が拡大したのです。

高度経済成長以降も続いた、都市部への人口集中は、１９９０年代に入ると遂に危険水域に達し、地方の「限界」化が報告されるようになりました。

高知県の山村を調査した大野晃は、65歳以上の高齢者が人口の半数以上を占め、集落（自治体）運営が困難になっている場を「限界集落」と称し、地方山村の荒廃を指摘しました。[*7] ２００８年の時点で、過疎地域等における６万２２７３集落のうち、65歳以上の割合が五〇％以上の集落は７８７８集落となっています。市町村調査では、このうち４２３集落は今後10年以内に消滅する恐れがあり、２２２０集落はいずれ消滅する恐れがあるとのことです。[3] 限界集落にまつわる一連の研究は、高度経済成長の頃から緩やかに続いてきた地方の崩壊がいよいよ間近に迫ってきたことを示しています。

都市における人間関係の動揺

一方、都市部では地方とまったく異なった崩壊を経験しております。経済成長のかけ声のもと、大量の流入人口により形成された都市は「閉鎖的社会からの脱出」「よりよい生活の実現」といった華やかなイメージに彩られていました。都市社会学者の磯村英一は、都市を「人間の個人の自由が、高度に保持することのできる空間」[2]と肯定的にとらえています。その一方で、都市部は過密による住環境の悪化という問題を抱えていました。しかしながら、こうした問題は経済成長により自然に解消されるものと認識されていました。

さて、その都市部における人間関係ですが、これも１９６０年代後半になると問題視されるようになります。新住民の流入による地域社会の動揺を懸念した政府は、１９６０年代の末頃から地域社会の再生を志向してコミュニティ政策を展開してゆきました。その端緒となったのが、国民生活審議会の「コミュニティ――生活の場における人間性の回復」（１９６９年）、中央社会福祉審議会の「コミュニティ形成と社会福祉」（１９７１年）です。１９７１年には自治省が「モデル・コミュニティ事業」を行いました。

１９７０年代の初頭には、高度経済成長の歪みとして「一人暮らし高齢者」に注目が集まり、都市の孤立問題が新聞を賑わせました。[*8] これを受け、東京都の社会福祉協議会は「一人ぐらし老人実態調査」を行い「地域住民を巻き込んだ把握体制の確立」(5)を目指しました。さらに１９７３年になると全国社会福祉協議会で「孤独死老人ゼロ運動」が展開され、「一人ぐらしで死亡した老人の実態調査」が行われました。

しかし、１９７０年代に注目が集まった都市部高齢者の孤立問題は、次第に介護問題に収斂され、あまり注目を集めなくなりました。都市部における孤立問題が再び注目を集めるのは、地方の限界問題が指摘されてから10年ほど後のことです。そのきっかけとなるのが２００５年に報道されたＮＨＫスペシャルです。[*9] この番組は大勢の暮らす団地のなかでひっそりと死を迎えた人に焦点をあて、都市の人間関係の希薄さを伝えました。[*10] その後、ＮＨＫでは人間関係消失の危機を「無縁社会」と表し、社会に大きなインパクトを与える特集を立て続けに組みました。[*11]

以上のことから、都市部においても高度経済成長が一段落した１９６０年代後半から１９７０年代にかけて、人間関係の揺らぎが指摘されるようになり、その後、２０００年代に入ってからより深刻な形で再燃していることがわかります。

＊7　遅くとも１９９１年には「限界集落」という言葉が使われています。なお、大野の研究は『山村環境社会学序説』に詳しくまとめられています。

＊8　詳細は黒岩（２００８、２０１２）を参照。

＊9　それ以前には、やや特殊な事例ではありますが、阪神淡路大震災を契機に仮設住宅の「孤独死」に注目が集まりました（額田１９９９）。

＊10　報道内容の詳細は、ＮＨＫスペシャル取材班・佐々木とく子（２００７）『ひとり誰にも看取られず——激増する孤独死とその防止策』にまとめられています。

＊11　「無縁社会」報道と関連現象については、ＮＨＫ「無縁社会プロジェクト」取材班編（２０１０）、石田（２０１１）を参照。

小括

地方および都市の人間関係は、経済成長が鈍化した1960年代後半から1970年代前半にかけて、その揺らぎが指摘され、1990年代から2000年代にかけて深刻な問題が指摘されるようになりました。これらは経済成長を優先し、人びとを地域から引き剝がしたことによるマイナスの帰結ととらえられます。しかし、その様相は地方と都市でまったく異なっています。

人口の送り先となった地方には、集落単位での顔見知りの関係、地域の共同性は残っています。しかしながら、彼ら／彼女らも高齢を迎え、集落の規模は徐々に縮小し、櫛の歯が欠けるように構成員は減少してゆきます。つまり、地方の人間関係は量的側面での危機を迎えているのです。その結果として彼ら／彼女らの生活は立ちゆかなくなり、地方の人間関係は緩やかに解体しております。

人口の受け手となった都市では、人口量は十分に確保されています。しかし、こうした人たちは出自の異なる他人の集合であり、共同性はなかなか形成されません。結果として、都市では相互無関心に付随する問題が生じます。孤立死問題はその典型です。つまり、都市の人間関係は、質的側面での危機を迎えているのです。

利益を生み出すところに資本を集中投下する経済発展モデルでは、資本の一部である労働力の移動は避けられません。拡大を続ける市場はグローバル化の流れにのり海外にまで裾野を広げています。しかし、強制された移動は、時間をかけた地域関係の構築を阻み地縁関係を動揺させてしまいます。限界集落の出現や孤立死問題の発生は、成長モデルが地縁関係を危険水域に追い込んだことを明確に示しているのです。

以下、3節以降は都市部に焦点を当て、強制された移動が関係構築をいかに難しくしているか明らかにしましょう。その資料として、大規模開発を経験した東京都A市の聞き取り調査の結果を用います。[*12]

3 調査地の概要

A市について

東京都の中南部に位置するA市は、都心から私鉄を乗り継ぎ、約30分のところに位置する郊外住宅地です。このA市を一躍有名にしたのが大規模ニュータウン開発です。

１９６０年代に事業化されたニュータウン開発は、A市の６割を都市開発の対象に据え、A市の景観と人口を一変させました。**図3-3**はA市の人口の推移です。この図を見るとニュータウン開発による流入人口のすさまじさがわかります。

ニュータウンの第1次入居があったのが１９７１年です。**図3-3**を見ると、A市の人口はその１９７０年代を境に急増していることがわかります。その後、人口上昇はニュータウン開発の終わる１９９０年代前半まで続きます。[*13]

A市の人口増加率のすさまじさを示す例をもう一つあげましょう。２０１０年の国勢調査における人口を１９６５年の国勢調査の人口で割ると、１９６５年から２０１０年にかけての人口増加率がわかります。これ

＊12　A市調査は、都市部における「まちづくり」および「福祉」の問題を明らかにすることを目的としています。調査は２０１２年から開始し、現在も継続しております。これまで地域包括支援センター職員、コミュニティセンター委員、市役所職員、社会福祉協議会会員、民生委員、商工会職員など、31名におよぶ人びとに聞き取り調査を行いました。1回の聞き取りは1時間~2時間です。２０１３年９月には大規模な質問紙調査を実施しました。研究成果については、２０１５年３月に公開予定です。

＊13　ニュータウン開発は２００６年まで続きますが、A市の開発は１９９０年代前半までに実質的に終了していました。

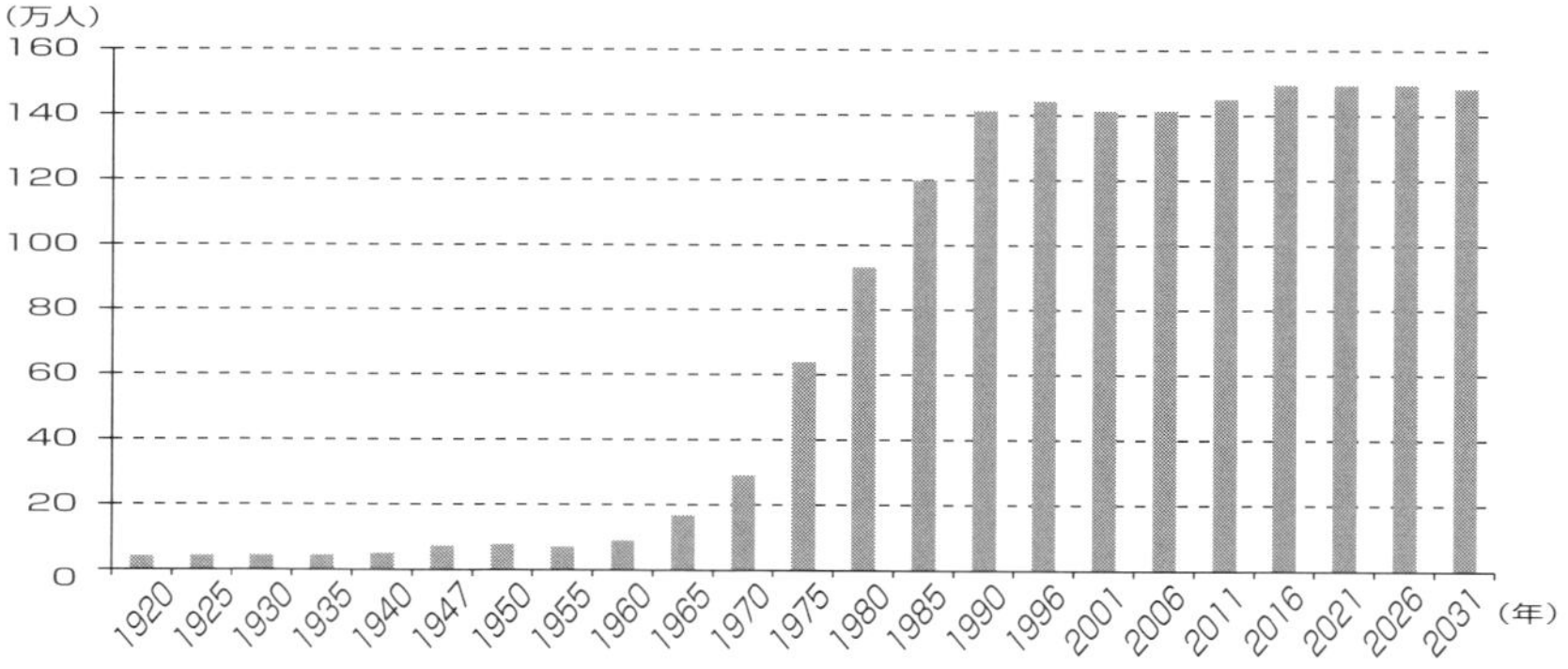

注：1950 年以前は国勢調査，1955 年〜1990 年は『統計 A』（平成 8 年版），1996 年以降は『A市地域福祉計画平成 24〜28 年度』に基づく。2016 年以降は推計値である。

図 3-3　A 市の人口と長期予測

を東京都の市部において計算すると、Ａ市は八・〇三と突出して高い数値を示します。二番目の武蔵村山市でも四・九九と５倍に届きません。

以上のことから、Ａ市はニュータウン開発のかけ声の下、多くの流入人口により構成された自治体だということがわかります。以下では、地域開発が人間関係に与えた影響を探るため、Ａ市の中でも特徴的な３地点（Ａ１、Ａ２、Ａ３）を比較検討します。それにより都市部におけるまちづくり、関係づくりについて考察してゆきます。３地点の概要は以下の通りです。

各地点の紹介

Ａ市を東西に走る幹線道路の南側に位置するＡ１はニュータウン計画に入っているものの、区画整理によって大規模開発を免れました。そのため、地付き層が地域にかなり残っています。そのような事情を反映してか、Ａ１地区を構成する五つの自治会の会長は、地付き層で固定されています。また、地域に古くから存在する講（152頁を参照）のつながりも未だに残っています。ここから、Ａ１は昔の「ムラ」の姿を多少なりとも留めている地区と言えます。

Ａ２地区は、Ａ市北部に位置するためニュータウン計画に編入されていません。Ａ市の北部は国策として開発された南部と対照的に、大手私鉄α社が中心となって開発しました。[*14] なかでもＡ２地区は、α社が高階層の人びとを射程に宅地造成した高級住宅地区です。そのため地区内に集合住宅はほとんどみられず、建てられている住宅の敷地も相当な広さです。建設開始は１９６０年で、造成当時はα社の社長もＡ２地区に住んでいました。それ以外にも会社社長や大学教員などが数多く住んでいます。

Ａ３地区は、ニュータウンの初期開発の地区です。入居開始は１９７２年と二番目の旧さです。また、この地区は都が主体となって開発した点で、他のニュータウン地区と異なります。そのため、この地区は都営団地や公社住宅が林立しています。平成10年時点で、東京都により賃貸２０２７戸、分譲９３１戸が建設されています。開発年次が旧かったため、地区にはエレベーターなし、内階段の箱形住宅が並んでいます。いわゆる旧来的な団地型の住区です。

以下ではＡ１を旧来の地付き層が残る既存地区、Ａ２を高階層向けに開発された高級住宅地区、Ａ３を行政が一括して開発したニュータウン地区として、検討してみましょう。

４　開発と地域のつながり

基礎的データの確認

まず、国勢調査から、先ほど述べた地域特性が妥当であるか確認し、それから、それぞれの地区の特性を大

＊14　α社の本社ビルも、北部の鉄道駅付近にあります。

まかに見ていきましょう。表3-1は、それぞれの地区の居住形態です。

前節で説明しましたように、高級住宅地区であるA２は持ち家、すなわち、戸建てが多く、ニュータウン開発地区であるA３は公営の借家と都市機構・公社の借家が多くなっています。一方、A１地区は持ち家と民営の借家が半々くらいです。これは戸建て住宅を有する地付き層、新規に一戸建てを購入した新住民、民営のアパートやマンション住まいが混住しているためでしょう。いずれにしても、既存地区、高級住宅地区、ニュータウン地区でかなり異なった町並みを見せることがわかります。

次に、それぞれの地区の人口推移を人口総数と年齢別人口で確認しましょう。まず、A市全体と各地区の２０００年から２０１０年までの人口です。A市については、表3-2にありますように、１９９０年代以降、多少の上下動はあるもののあまり大きな変化はありません。国勢調査の結果を見ると、２０００年からは、やや増えています。

しかし、地区別に見ると増えているのは既存地区のみです。A１のみ人口が増え、A２とA３は人口が減少しています。これは、調査地区のみならず、A市全体に共通してみられる特徴です。すなわちA市においては既存地区では人口が増えているものの、開発地区、とくにニュータウン開発の地区は人口が著しく減っています。

次に、年齢別人口比率です。表3-3は２０００年から２０１０年までのA市と各地区の年齢別人口比率をまとめたものです。

A市全体を見ると、徐々に高齢者比率が増えていることがわかります。その傾向はニュータウン地区に一層顕著です。A３地区の65歳以上人口比率は5年ごとに10ポイントずつ増えています。かなり急激な高齢化を経験していると言えるでしょう。A２地区も２００５年から２０１０年にかけて、ややそのスピードが弱まったものの、A市の中では高齢化率が高くなっています。一方、A１地区は高齢化の速度も緩やかで、かつ高齢化

表 3-1　各地区の居住形態

	持ち家	公営の借家	都市機構・公社の借家	民営の借家	給与住宅	間借り
A 市	52.56	7.83	12.67	24.69	1.28	0.98
A1	44.15	1.86	0.00	49.47	2.91	1.61
A2	83.92	0.00	0.00	11.78	1.55	2.74
A3	31.04	52.87	6.73	7.93	0.93	0.50

注：2010 年の国勢調査から作成

表 3-2　総人口の推移

	2000	2005	2010
A 市	145862	145877	147648
A1	2948	3174	3422
A2	5978	5928	5793
A3	8283	7710	7269

注：数値は国勢調査から

表 3-3　年齢別・地区別人口比率

	0〜14 歳人口比率			15〜64 歳人口比率			65 歳以上人口比率		
	2000	2005	2010	2000	2005	2010	2000	2005	2010
A 市	12.94	11.75	12.01	75.98	72.50	67.05	11.08	15.75	20.93
A1	16.52	15.66	13.30	75.24	76.09	75.80	8.21	8.25	10.90
A2	8.33	8.62	8.94	65.01	61.23	58.24	26.66	30.15	32.82
A3	13.85	10.70	9.23	74.18	68.44	60.68	11.98	20.86	30.09

注：数値は国勢調査から算出した

率も高くありません。

開発地区の高齢化率の高さの原因は、ライフステージの共通性に求められます。一定の暦年に数千世帯を対象に開設される開発地区は、似たようなライフステージの人びとが同一地区に一斉に入居します。入居時期の同じ人たちは、当然ながら一斉に齢を重ねるため、開発地区では既存地区よりも急激な高齢化を経験します。表3−3は、民間資本によって高階層を対象に開発された地区であれ、行政によって低・中間層を対象に開発された地区であれ、開発による高齢化問題は避けられないことを示しているのです。

もう一つ言えるのが、再生産人口の問題です。開発地区でも、子ども世代が地域に留まれば、高齢化率はそこまで高くなりません。開発地区の高齢化率の高さは、間取りの関係上子どもの残留が難しいA３地区はさておき、十分広い住宅をもつA２地区においてもみられていることは留意すべきです。

後述する聞き取り調査の結果からも、開発地区はA市に留まる人が少なく、既存地区はA市に留まり３世代同居・近居をする人が多いことは明らかです。地元意識をもたず、外部からの流入者により構成される開発地区は、その子どもも地元意識をもつことなく、外部に流出してしまうのです。結果として、高齢世帯の孤立問題は、開発地区ほど先鋭的に現れます。

では、それぞれの地区ではどのような人間関係が築かれているのでしょうか。以下では、各コミュニティセンターの職員、地域包括支援センター職員への聞き取り調査から、住民のヨコのつながりの実態について詳しく検討してみましょう。

聞き取り調査からの知見

Ａ1地区

Ａ1地区の人間関係について、地域包括支援センターの職員から話をうかがうと、「昔からの住民が多く、家族で暮らす人が一般的で、地縁関係もある」という言葉が返ってきました。他の聞き取り調査の結果からもヨコのつながりの強さがうかがえます。

Ａ1コミュニティセンターの運営協議会事務長も、「子どもの頃から知っているので仲がいいですよ。どこにネットワークがあるのか、病気になった人、亡くなった人もみんな知ってます。少し離れたところに住んでいる人でも」と答えています。

この地区は講によるつながりもまだ残っており、葬儀のさいの共同行為が残っているところもあります。私自身、地域の祭りに参加したおりにも、70歳を超える高齢者の方々が下の名前で呼び合う姿を見かけました。つまり、Ａ1はかつてＡ市が村だった時代に存在した共同性の基盤が残っているのです。

そのため、何かをやろうとしたときのスピードも目を見張るものがあります。「何となくやろうよっていう感じで、何人かで内々に話をします。そうすると、「やろう」ってなるんですよ」（Ａ1コミュニティセンター運営協議会代表）とのことです。そのような事情から、関係づくりに対する外からのアプローチもあまり必要とされていません。

社会福祉協議会の職員への聞き取りでも「あまり（こっちから）地域の人のふれあいを作る必要はないのかもしれません」という言葉が返ってくるほどです。これは、Ａ1地区に限らず、既存地区に共通していることです。Ａ市の地域包括支援センターを回っているなかで、既存地区は「安心して放っておける」という言葉を何度か聞きました。したがって、地域関係という意味では「優等生」地区と言ってよいでしょう。

しかしながら、課題も存在します。新住民との融合です。近世から住んでいる既存の住民を基盤に成立している強固な関係性は、他方で新住民にとっては参入障壁となります。それは「新しい人との交流は少ないと思います。25年経っても外来者のような感じですよ」（A1コミュニティセンター運営協議会事務長）という言葉にも表れています。

コミュニティセンターの運営主体もそれを理解しているのか、小さい子どもをもつ世帯が参加できるイベントを複数用意しています。たとえば、地域の小学校に通う生徒を対象にしたキャンプや祭りなどそのメニューは季節ごとに用意されています。その成果もあってか、「（自治区の）一戸建てならすべてわかりますよ」（A1コミュニティセンター運営協議会代表）という言葉が聞かれました。したがって、今後の課題は、A1地区に少なからず存在する民間賃貸住宅の住民の取り込みでしょう。

A2地区

A2地区は、行政の視点からは、つながりにかんして問題を抱えている地区とみられています。その理由は、高階層の人たちの集住によりもたらされる地域の特質にあります。

地域包括支援センターの職員はA2地区について、「結びつきは活発ではありません」と答えています。その理由として「地位の高さもあってSOSを出さないんです。結果として深刻になってから連絡が来ます」と述べています。ここから、地位の高い人に特有の自立気質、プライドの高さがうかがえます。

当該地区に住んでいるコミュニティセンターの職員に話をうかがっても、「ここは問題を住民の協力でなく、自分で解決するという雰囲気があるんです。友だちで〈相談に乗ってくれ〉と言っても〈そういうことには口を出さないでくれ〉とおっしゃる。皆さんご自分で解決をなさる」とのことです。そのような事情を反映してか、社会福祉協議会の評議員として登録している人はＡ２地区に一人もいません。

その一方で、住民たちもＡ２地区が出自の異なる人たちの集住地区であることは自覚しています。そのため、ムラづくりやふるさとづくりの意識もうかがえます。たとえば、２０１３年で23回目を迎える地区の夏祭りについて、その趣旨を尋ねると、以下のような回答が返ってきました。

ここにはふるさとがないので、子どもが夏戻って来られるようなふるさとを作ろうということで夏祭りにこだわっています。（Ａ２コミュニティセンター運営協議会幹事）

しかし、ムラづくりは一朝一夕にできるわけではありません。加えて住民の高い自立意識と自負心は、地域づくりにおいて時としてマイナスに作用します。

お互い知らない人同士が集まって形成された地域では、物事の決定にあたって住民間の話し合いと合意がとりわけ重視されます。聞き取りの中でも「民主的な合意」の重要性について言及されることが複数回ありました。お互いが知り合い同士で「つきあいの形」ができている既存地域と異なり、新住民で構成される開発地域は、一定の手続きを踏まえた合意がとりわけ重視されるのです。

しかし、それぞれが各方面で一定の地位に達した人たちの合意は容易ではなく、住民をして「ヘゲモニー争いがおきる」（Ａ２元自治会長）と言わしめるほどです。コミュニティセンターの運営主体も、「ボランティアやコミュニティは善意の方向が違うのでまとめるのが大変だと思います」（Ａ２コミュニティセンター運営協議会幹事）と述べ、その難しさを認めています。

その結果、Ａ２地区では「ここはコミュニティがないというか……、有名な人の話になると喜んで集まってくるんですけど」（Ａ２コミュニティセンター運営協議会幹事）「コミュニティ作りはうまくいってません」（Ａ２元自治会長）といった話が出てきてしまいます。

高い自立意識と自立を可能にする資源から、A２地区において「孤立死の問題が出た」という言葉は聞かれません。しかし、地域の連帯形成という面での課題は多数あります。

A３地区

A３地区もA２地区同様に、地域関係はあまり活発ではありません。旧来的な箱形団地の集住地区であるゆえなのか、都営という階層的条件の厳しさによるのか、この地区での聞き取り調査の結果は、きわめて深刻なものでした。

公営賃貸ゆえの住民の出入りの多さ、所得制限のある地区に特有な住民の複雑な事情は地域のつながり作りを大いに阻害します。地域包括支援センターの職員も「ここは人間関係の希薄な地域」と述べていました。

間取りの狭さゆえに、子どもとの同居は難しく、高齢者のみ取り残されがちになります。結果として、A３地区の高齢化は、A市のなかでも突出した速度で進んでいます。しかも、取り残された場はエレベーターなしの団地のため、上層階に住む人は「家から出てこられない」（A３地域包括支援センターの職員）そうです。それゆえに室内にごみがたまる「ごみ屋敷」や孤立、孤独の問題も深刻です。

地域包括支援センターの職員、コミュニティセンターの職員、住民のすべてが「孤立死がある」と答えたのはA３地区だけでした。だからといって、見守りなどの関係づくりが進んでいるわけではありません。[*15] その理由は、A２地区にみられる豊富な資源に裏打ちされた自立意識の高さとまったく異なります。

A３地区における関係づくりの機運の少なさは、どちらかというと人間関係の忌避といったほうがよさそうです。A３コミュニティセンター運営協議会幹事は、「今は自分の住居の自治会さえやらない人もいる。やり手がいないから抽選で決めるくらい。役員も出てこない。地域を盛り上げてやろうという人もいない。すぐに

「嫌だ」と言ったり、「何のメリットもない」という」と嘆いていました。

そもそも人間関係が煩わしいからという理由でA3地区に移り住んできた人も少なくないようです。社会福祉協議会の職員は、A3地区について「人間関係が煩わしいから（A3に）来たという人も多かったんです」と述べています。ただ、「震災後はつながりも大事という雰囲気が出てきました」とのことです。

A3地区に住む人たちは、半ばつながりづくりを諦めかけているかのようにも見えます。「（つながりがあるのは）同じ階の両隣とさらにその隣くらい。あとはほとんどなにもない。挨拶もしないし、返事もしない」（A3コミュニティセンター運営協議会代表）という言葉や「うちの隣のおばさんでも個人情報とかでいろいろと拒否される。長屋みたいな付き合いがない」（A3コミュニティセンター運営協議会幹事）という言葉には、関係への失望感がうかがえます。

お互い顔を知らない新住民であることに加え、それぞれが生活的な問題を抱えている。そのため、A3地区では関係づくりにまで関心が回らないのです。近代的・文化的設備の整った環境を安価で供給することを目論んだ集合住宅は、当初の思惑から外れて、経済のみならず関係からも阻害された人の集住地区となりつつあるのです。

小括

以上、三つの地域を比較していくと、皮肉な結果が見えてきます。地域関係およびそれにまつわる福祉という視点で見れば、最も充実しているのはA1です。旧来的な関係の残っているA1はそれを軸に、薄まりつつあるとはいえ他の地区よりも濃密な関係を蓄積しています。そのため、孤独や孤立にまつわる問題もそれほど

＊15　聞き取りでは「見守り活動はしていない」という回答が返ってきました。

みられません。しかも、そのつながりは、かつて私たちが前近代的なもの、克服すべき対象としてきた「ムラ社会的なつながり」が残っているゆえにみられるものです。

一方、1960年代から1970年代に「今よりもよい」生活として提示された大規模開発地区は、つながりづくりという点では隘路に陥っています。高階層向けの戸建て分譲地区であるA2はまちづくり、コミュニティという言葉を昇華しきれず未だに方向性を模索しています。中・低階層向けの開発地区であるA3は生活の厳しさもあいまって、ある種の「諦め」に似た感情を漂わせています。

このような事実に鑑みると、経済成長をお題目に、大規模の移動を強いてきた戦後開発の負の側面が見えてまいります。そのようななかで、私たちは行政の方便と化した「つながりづくり」とどのように向き合えばよいのでしょうか。

5　「つながりづくり」の隘路《あいろ》

本章の3地域比較が物語っているのは、「つながりづくり」は一朝一夕にできるものではなく、一定の年月を要すると言うことです。

多くの人にとって「居場所」と感じられるような地域の「つながり」は、彼ら／彼女らの長い年月を通じた付き合いの積み重ねによりようやく形になってゆきます。そうした「つながり」は、関連する人びとの状況、社会環境を斟酌してつくられたものであるため、頑健さがあります。既存地域における強固な「つながり」は、その好例でしょう。

逆に言えば、住民の「居場所」として機能するような地域の「つながり」は、定年で仕事を辞めた人たちが寄り集まって簡単に構築できる代物ではありません。また、そのような関係に「息苦しさ」を感じ、否定してきたのも私たちだ、ということは忘れてはいけないでしょう。結局のところ、政府が述べるような「地域における「新たな支え合い」（共助）の領域」の「拡大、強化」は容易ではない、ということです。[*16]

第2節でも指摘しましたように、経済成長に伴う大規模な地理的移動は、多くの地域に積み重ねられた「つながり」を激変させました。わけても、多くの流入者により構成された都市部では、「つながり」を一から築き上げるという課題を背負わされました。しかし、事例を見る限りにおいて、「つながりづくり」の試みはうまくいっておりません。開発を経験した地域は、初期入居から50年経った今でも「コミュニティづくり」の方向性が定まっていません。

現在のように、進学、就職、結婚、転勤（転職）、引退などの節目で人びとがめまぐるしく動く社会において、居場所としての「つながり」を、時間をかけて構築することはほぼ不可能と言ってよいでしょう。そのような場においては、「つながり」の形はめまぐるしく変化するか、もしくは、存在しないという状態にならざるを得ません。

このような事実が存在するにも拘わらず、地域移動を強要する経済優先傾向は変わりません。それどころか、私たちは一生を送るために国内に留まることも許されなくなりつつあります。結果として、孤立（死）を防ぐためにできることは、社会福祉協議会の推奨するサロン活動のように「つきあい」の形式を整え、流布することや見守り活動のように相互監視を強めることくらいです。

しかし、形式から入る「つきあい」にどこか虚無感が漂うことは多くの人が気づいているはずです。[*17] そもそも、私たちは「居場所」と感じられるような地域の「つながり」をつくるためにかかる手間と時間をあまりに

＊16　「高齢者等が一人でも安心して暮らせるコミュニティづくり推進会議」（厚生労働省）報告書を参照してください。
＊17　たとえば、新興住宅地で開催される「祭り」について、若林幹夫は「そうであるからこそ、こうした祭りの多くはどこか白々しい空騒ぎのようにも見える」（若林〈２００７〉１３６頁）と批判的意見を述べています。

簡単に見積もりすぎています。今日のように地域移動を要求される社会では、恵まれた人をのぞいて、居場所としての「つながり」はどんどん失われてゆくでしょう。

慣れ親しんだ地域関係に囲まれて老後を送るというのは、都市部に住む多くの人にとって幻想となりつつあります。こうした事態に福祉サービスを充実させて対処するというのもひとつの道でしょう。そのような方向性も踏まえ、私たちの社会は孤立とどう向き合うのか検討すべき時期を迎えているのです。

第Ⅱ部 無縁社会の背景と原因

第4章 単身世帯の増加と無縁社会

1 はじめに

「毎日、寂しい日が続き、この苦しみを何とかしたい。96歳、永い生涯です。死んでよし生きてよしの端まで生きることの難しさに弱っています」「12月に肝臓癌の治療のため、入院します。精神的不安と物理的不安を感じています。以前は来て下さる友人がいましたが、亡くなってしまい、休日にご家族のお見舞いのある方々が多いとつくづく寂しさを感じます」「現在は頑張っていますが、目にみえてお世話になる日が近づいており、そのときどうしたいかも思いつきません」――これは、東京都内の港区社会福祉協議会の行った高齢単身者を対象にした調査において、高齢単身者自身が自由回答欄に記述した内容です。[4]

ここには、高齢期の一人暮らしから生じる寂しさや不安が示されています。後述するように、一人暮らしは社会的に孤立しやすいといった点で、２人以上世帯に比べてリスクが高くなっています。また単身世帯は、貧困に陥るリスクや、要介護になった場合の対応という点でもリスクが高くなっています。

一方で、日本の社会保障制度は、家族の支えあいをベースに構築されてきました。単身世帯は必ずしも家族のいない人ではありませんが、少なくとも同居家族はいないので、世帯内の支えあいの機能は2人以上世帯よりも脆弱です。単身世帯の増加に伴って、右のリスクを抱える人が増えていくことが考えられます。本章では、単身世帯の増加状況と共に、単身世帯が抱える社会的孤立のリスクについて考察していきます。

本章の構成としては、まず、単身世帯の現状と過去からの増加の実態をみた上で、増加要因を探っていきます。次に、今後の単身世帯の増加状況をみていきます。そして、単身世帯の増加が社会に与える影響として、社会的孤立のリスクの高まりを取り上げていきます。最後に、単身世帯の増加に対して、社会はどのような対応をとるべきかを考察します。

2　単身世帯の実態

まず、単身世帯を形成する人々はどのような人たちなのか、現状を概観していきましょう。2010年現在、日本には1678万人が単身世帯を形成しており、これは全人口の一三・一％にあたります。[7]

「単身世帯」の定義

厳密に言えば、「単身世帯」イコール「一人暮らし」というわけではありません。国勢調査では、「住居をともにし、別に生計を維持している間借り人や下宿人などの単身者」や「会社・官公庁などの寄宿舎・独身寮などで居住している単身者」も、「単身世帯」としてカウントしています。「間借り人や下宿人」さらに「寄宿舎や独身寮に居住している人」を「一人暮らし」というのは、やや違和感をもつかもしれません。

しかし実際には、単身世帯のほとんどは「一人暮らし」と考えてよいと思います。２０１０年の全国の単身世帯において、前記の「間借り・下宿などの単身者」の割合は二・一％であり、「会社などの寄宿舎や独身寮の単身者」は三・九％です[7]。両者を併せても六・〇％にすぎず、「単身世帯」の九割強は一人暮らしの人々になっています。

なお、単身者が一人で老人ホームに入所したり、一人で病院に入院したりしても、「単身世帯」には含まれません。単身世帯は「世帯人員一人の一般世帯」と定義されており、病院・診療所で入院している人、社会施設の入所者、寮・寄宿舎の学生・生徒などは「一般世帯」ではなく、「施設等の世帯」に属するためです。

そして、単身世帯の世帯員は一人なので、世帯としてみれば「単身世帯」ですが、個人の側面からとらえれば「単身者」となります。本章では、世帯でみるか、個人でみるかによって、「単身世帯」「単身者」という二つの用語を使いますが、同一の対象を示しています。

単身世帯の形成はライフステージに応じて変化していく

では、１６７８万人の一人暮らしをしている人々は、どのような人々なのでしょうか。ここでは、男女別・年齢階層別に、単身世帯数とその配偶関係をみていきましょう（図4－1）。

まず、男性をみると、最も多くの単身世帯数を抱える年齢階層は20代男性であり、２００万人となっています。各年齢階層別人口に占める単身者の割合をみても、20代男性の二九％が単身世帯となっていて全年齢階層の中で最も高い比率です。そして20代単身男性の多くが未婚の単身者となっています。20代で未婚の単身者が多いのは、進学や就職などを機に親元を離れて一人暮らしを始める若者が多いためだと考えられます。

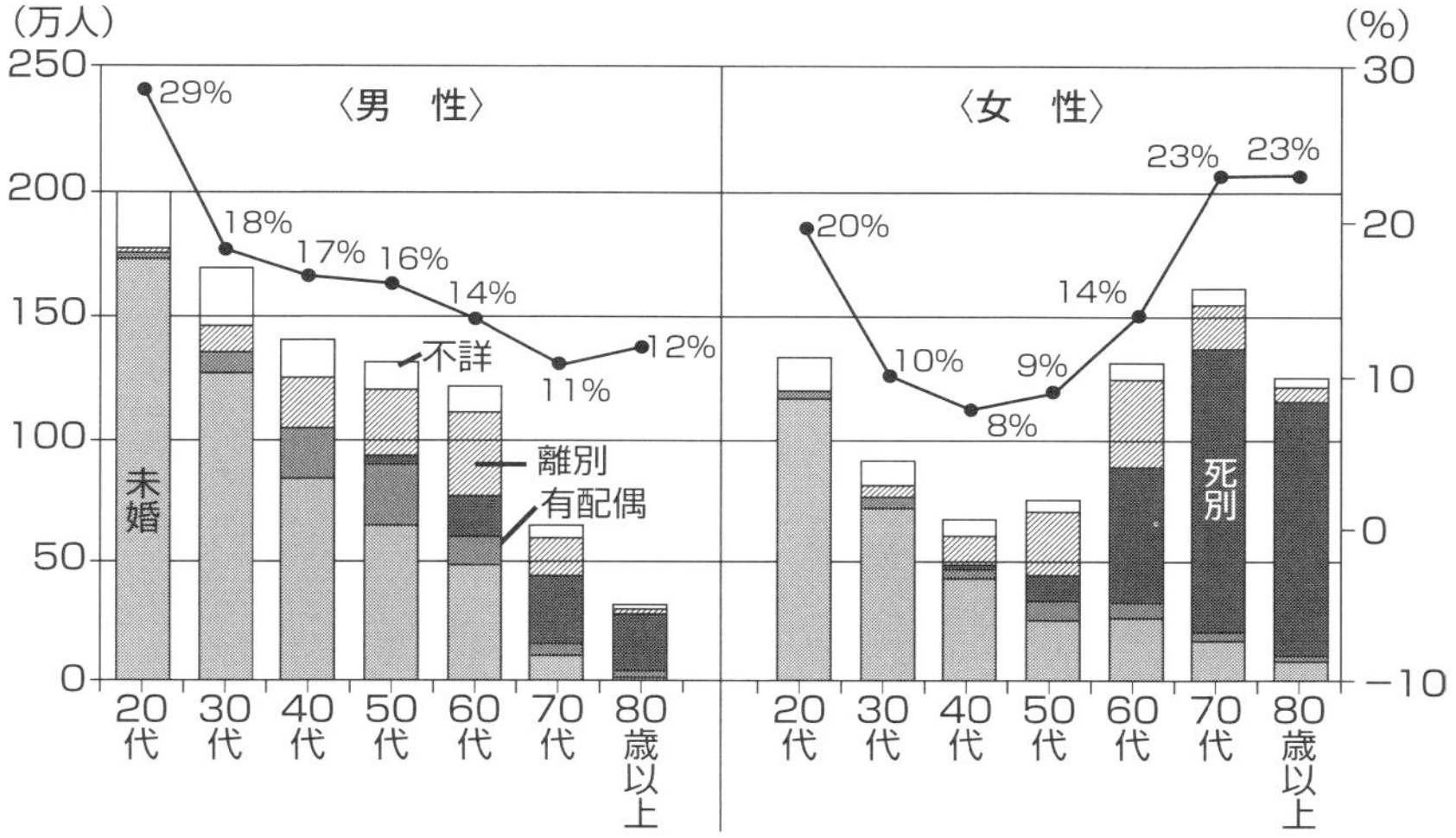

注：棒グラフ（左目盛）は単身世帯数。折れ線グラフ（右目盛）は単身世帯／年齢階層別人口。

図 4-1　男女別・年齢階層別にみた単身者数と単身者の配偶関係（2010 年）〔総務省（2012）『平成 22 年国勢調査』をもとに筆者作成〕

そして30代以降，年齢階層があがるにつれて，単身世帯数は減少していきます。これは，結婚をして2人以上世帯を形成する人が増えていくためです。このことは，20代から40代にかけて未婚の単身男性が減少していくことに示されています。

一方，20代から40代にかけて未婚の単身男性が減少するのとは逆に，30代以降徐々に単身男性に占める「離別者」の割合が増えていきます。60代では「未婚者」と「離別者」の割合がほぼ同程度になります。そして60代以降になると，妻と「死別」した単身男性の比率が高まっていきます。

このように，単身男性の主たる配偶関係は，40代までは「未婚」，50代では「未婚」と「離別」，60代は「離別」「未婚」「死別」，70代以降は「死別」というように変化がみられます。なお，40代と50代を中心に，「有配偶」の単身男性が一定割合みられます。この多くは単身赴任等によるものと推察されます。

次に単身女性をみると，20代から40代にかけて単身世帯数が減少していきます。この点は，単身男性と同様ですが、50代から70代にかけては増加に転じており、単身男性とは異なる形状になっています。単身女性が50代以降で増加するのは、夫と死別した単身女性が増える影響と考えられます。これは、女性の平均寿命が男性よりも長いことや、夫婦の平均年齢を比べると夫よりも妻の年齢が低いためです。

年齢階層別女性人口に占める単身女性の割合をみると、20代では二〇%と高いのですが、40代には八%まで低下します。その後上昇に転じて、70代と80歳以上では二三%となります。つまり、70代以上の女性の５人に一人強が一人暮らしとなっています。

このように、「単身世帯」といっても、男女別・年齢階層別に配偶関係が異なっています。社会に与える影響や政策対応を考えていく際にも、こうした多様性を考慮していく必要があります。

単身世帯と近居の家族

ところで「一人暮らし」というと、「家族のいない人」をイメージするかもしれません。しかし、単身者は「同居人がいない」ということであって、必ずしも「家族」がいない人ではありません。実際、内閣府の調査によれば、65歳以上で一人暮らしをしている高齢者の七七%には子供がいます[5]。また、20代から40代の単身者の多くには、親が生存しています。

また、一人暮らしの老親の近くに、子供が近居するといった形態も相当程度みられます。総務省[9]『平成20年住宅・土地統計調査（確報集計）』によれば、65歳以上の単身世帯の四七・一%は、片道1時間以内の場所に子供が住んでいます。高齢者の一人暮らしでも、子供が近くに住んでいれば、病気や要介護の状況で、家族で助け合いをしやすいことが考えられます。ちなみに、１９９８年には、近居の子供のいる65歳以上単身世帯は四四・五%であったので、この10年間で二・六%ポイントほど近居の子供をもつ高齢単身者が増加しています[11]。

今後、未婚の高齢単身者が増えていく

このように高齢単身世帯の半数は近居の子供がいます、換言すれば、高齢単身世帯の5割強は、片道1時間以内に子供がいないか、そもそも子供がいません。また、今後は子供のいない高齢単身者が増えていきます。この主因は、「未婚（一度も結婚していない人）」の単身者が増加していくためです。日本では婚姻関係をもたないまま子供を養育する人は少ないので、ほとんどの高齢未婚者は、配偶者をもたないと同時に子供もいません。老後を家族に頼ることが一層難しくなっていくことが考えられます。

２０１０年時点で、65歳以上の未婚男性は50万人おり、65歳以上男性人口の四・〇%にすぎません。しかし国立社会保障・人口問題研究所の推計によれば、２０３０年には未婚の高齢男性は三・六倍（１７８万人）に増え、65歳以上人口の一一・三%を占めるようになるとみられています。[3][2] 実に65歳以上高齢男性の10人に1人が未婚者となっていきます。そして未婚の高齢者の相当程度は、一人暮らしであろうと推測されます。

一方、高齢女性では、高齢男性よりも未婚者の増加のペースは緩やかです。具体的には、１０年現在で70万人（高齢女性に占める割合四・一%）いる高齢未婚女性が、３０年には１３７万人（同六・五%）と二・〇倍になっていきます。

3　単身世帯の増加状況

では、一人暮らしをする人々は、過去からどの程度増加してきたのでしょうか。１９７０年からの全体的な推移をみると、単身世帯数は趨勢的に増加してきました（**図4-2**）。特に１９８５年以降、総人口に占める単身世

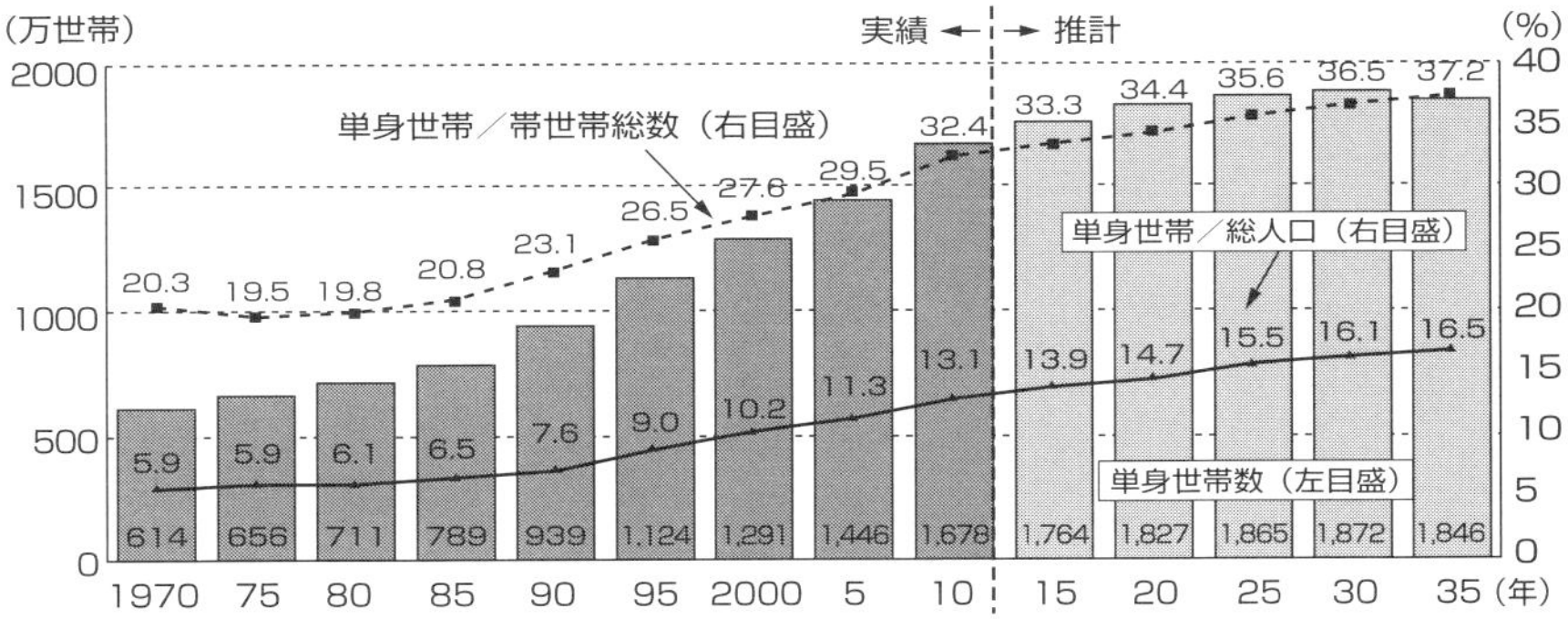

資料：2010 年までの実績値は，総務省『国勢調査』。2015 年以降の「単身世帯数」「総世帯数」の推計は，国立社会保障・人口問題研究所編（2013）『日本の世帯数の将来推計（全国推計）——2013 年 1 月推計』。また，2015 年以降の「総人口」の推計は，国立社会保障・人口問題研究所編（2012）『日本の将来人口推計——2012 年 1 月推計』（中位推計）に基づく。上記資料をもとに筆者作成。

図 4–2　単身世帯の全体的動向 1970 年からの長期的推移

帯の割合が顕著に高まっています。そこで、８５年を起点として２０１０年の単身世帯数と比べると、８５年の７８９万世帯から１０年には１６７８万世帯へと二・一倍になりました。また、総人口に占める単身者の割合も、８５年の六・五％から１０年には一三・一％に高まりました。

ここで全世帯数に占める世帯類型別割合の推移をみますと、８５年に四〇％を占めていた「夫婦と子供からなる世帯」が、１０年には二八％まで減少しました。逆に、８５年から１０年にかけて大きく比率が高まったのは、「単身世帯」と「夫婦のみ世帯」です。全世帯数に占める単身世帯の割合は、８５年の二一％から１０年には三二％に高まりました。１０年には、単身世帯が世帯類型の中で最も高い割合になっています。

今後も「夫婦と子供からなる世帯」の割合の減少は続き、２０３５年には二三％まで減少すると推計されています。その一方で、２０３５年には全世帯数に占める「単身世帯」の割合は三七％に高まっていきます。これは、ちょうど８５年の「夫婦と子供からなる世帯」（四〇％）と、「単身世帯」（二〇％）の割合がほぼ入れ替わった状況になります。[2]

ところで、男女別・年齢階層別にどの年齢階層で単身世帯が増加したのでしょうか。１９８５年と２０１０年で比べてみましょう。８５年の各年齢階層の単身世帯数を１倍として１０年の倍率をみると、男性では50代以上の年齢階層、女性では70歳以上の年齢階層で3倍以上に増えています。特に80歳以上の年齢階層では、男性は七・三倍、女性は九・九倍にもなっています。(8)

注目すべきは、50代と60代男性で、単身世帯が約４～７倍も増加している点です。これまで一人暮らしの増加といえば、高齢単身世帯――特に高齢女性――の増加が注目されてきましたが、50代と60代の中高年男性でも著しく単身世帯が増加しています。

4　なぜ単身世帯は増加したのか

単身世帯の増加要因を考察する視点

では単身世帯は、なぜ増加したのでしょうか。まず考えられるのは、１９８５年に比べて２０１０年の人口が増加したこととの影響です。どの時代においても人口に対して一定割合の単身世帯が存在すると仮定した場合、人口が増加すれば、それに伴って単身世帯数も増加していくことが考えられます。年齢階層別にみても、たとえば「団塊の世代」は世代としての人口規模が大きいので、「団塊の世代」が60代になれば、60代人口の増加に応じて単身世帯数も自ずと増えることが考えられるのです。これは、質的な変化を伴わない「量的な変化」といえます。

そこで、年齢階層別の単身世帯数の伸び率に、人口増加がどの程度影響を与えたのかをみていきましょう。**図４－３**は、８５年から１０年にかけての単身世帯の年齢階層別伸び率を、「人口要因」と「非人口要因」に分けて寄与度を分析したものです。「人口要因」とは、「８５年から１０年の年齢階層別人口の伸び率に従って、各年齢階層における単身世帯数も増加する」という仮定に基づいて推計した伸び率です。

「非人口要因」は、単身世帯の伸び率から人口要因による伸び率を差し引いた残差であり、年齢階層別人口の増加がなくとも増えたであろう単身世帯の伸び率と考えられます。つまり、人口要因は量的変化、非人口要因は人々のライフスタイルの変化などの質的な変化と考えられます。

人口要因――量的な変化

年齢階層別に人口要因をみると、人口要因による単身世帯の増加は、男女共に50代以上の年齢階層で生じており、20代から40代では人口要因は単身世帯を減らす方向で作用しています。これは、少子化の影響によって１９８５年から２０１０年にかけて20代～40代の年齢階層人口が減少しているためです。換言すれば、20代から40代の単身世帯の増加は、専ら非人口要因によるものと考えられます。

人口要因による単身世帯の増加が最も顕著なのは、80歳以上の男女です。これは、長寿化によって80歳以上の人口が増加したことの影響と考えられます。また、80歳以上の単身男女ほどの大きな伸び率ではありませんが、60代以上の単身男性でも人口要因の影響が大きくなっています。

非人口要因――質的な変化

しかし、人口要因だけでは単身世帯の増加を説明することはできません。高齢期の単身世帯の増加についても、非人口要因が大きく影響しています。一方、50代の単身男性の伸び率には人口要因の影響は小さく、非人

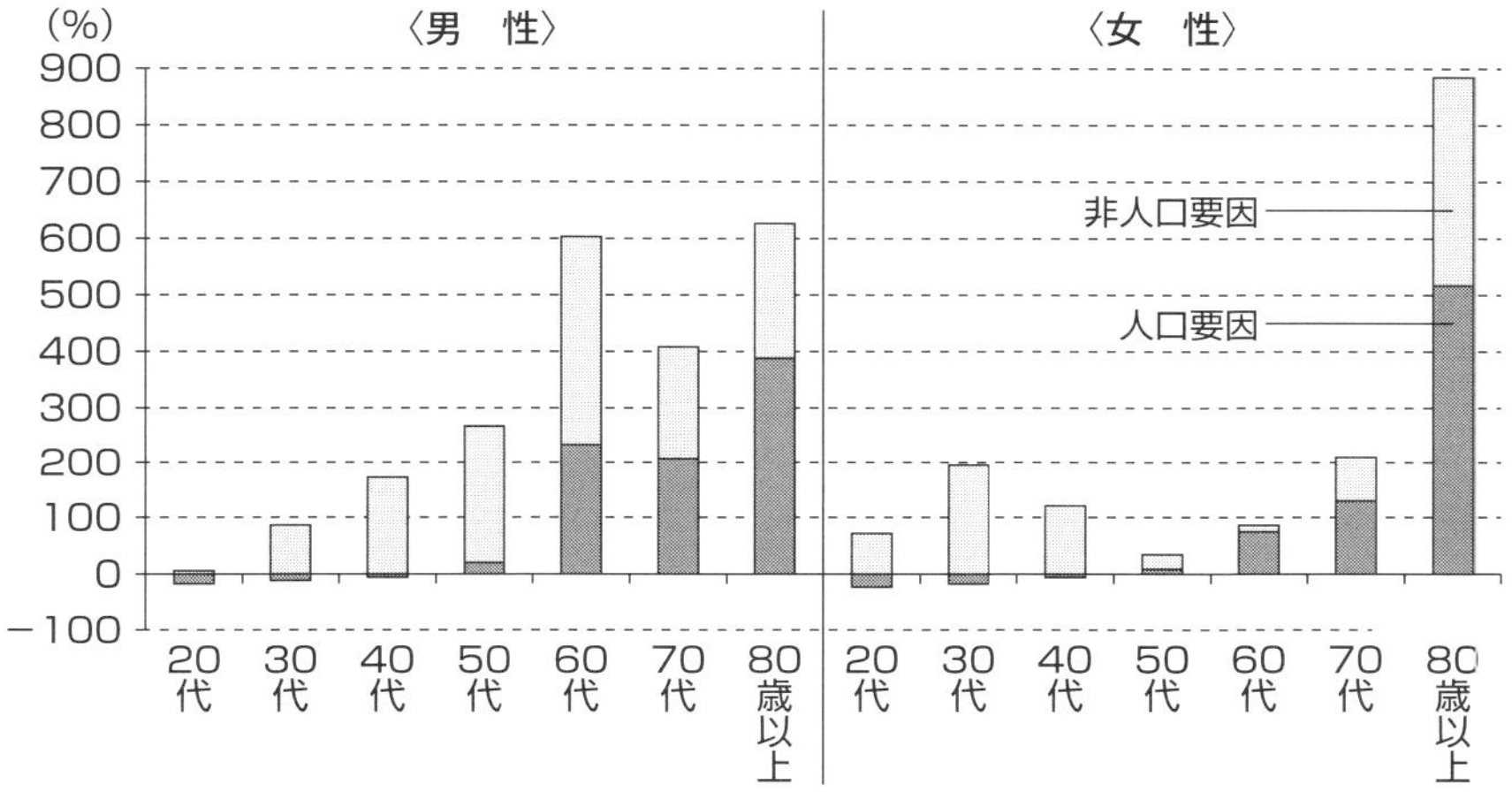

注１：「人口要因」とは，「1985 年から 2010 年の年齢階層別人口の増加に従って，各年齢階層における単身世帯数も増加する」という仮定に基づいて推計した伸び率。「非人口要因」は，年齢階層別人口の増加がなくとも増えたであろう単身世帯の伸び率。

注２：年齢階層別（以下，年齢別人口と略）の人口要因と非人口要因の寄与度の求め方は以下の通り。

①単身世帯の増加倍率＝(人口要因による増加倍率)×(非人口要因による増加倍率)

・人口要因による増加倍率＝2010 年年齢別人口／1985 年年齢別人口

・非人口要因による増加倍率＝(2010 年の年齢別単身世帯数／1985 年の年齢階層別単身世帯数)／(2010 年の年齢別人口／1985 年の年齢別人口)

②上記①から，log(単身世帯数の増加倍率)＝

log(人口要因による増加倍率)＋log(非人口要因による増加倍率)

③そこで，「人口要因による単身世帯増加寄与率」

＝log(人口要因による増加倍率)／ log(単身世帯数の増加倍率)

「非人口要因による単身世帯増加寄与率」

＝log(非人口要因による増加倍率)／ log(単身世帯数の増加倍率)

④上記で求めた「人口要因による単身世帯増加寄与率」と「非人口要因による単身世帯寄与率」を実際の単身世帯の伸び率に掛け合わせて，各々の寄与度を計算。

図 4-3　1985 年から 2010 年にかけての単身世帯の増加率について寄与度分析〔総務省『国勢調査』（時系列データ）をもとに筆者推計〕

口要因が主因となっています。また、20代～40代の単身世帯の増加は、人口要因とは関係なく、専ら非人口要因――「質的な変化」――によってもたらされたものと考えられます。

では、「質的な変化」とは、何でしょうか。単身世帯の増加をもたらした質的な変化としては、「配偶関係」と「同居／別居関係」をみていく必要があります。

まず、配偶関係についてみていくと、「未婚」「死別」「離別」「有配偶」の四つの配偶関係のうち、「未婚」「死別」「離別」は配偶者がいない人々です。配偶者がいないという点において、単身世帯になりやすい人々と考えられます。したがって、年齢階層別人口に占める未婚者・死別者・離婚者の割合の高まりは、単身世帯化を進める一つの要因になります。

しかし、未婚者・離別者・死別者であっても、親や子と同居していれば単身世帯にはなりません。この点で、配偶関係とは別に、「親あるいは子との同居／別居関係」をみていく必要があります。そして単身世帯は、基本的には、①配偶者のいない人（未婚、離別、死別）であり、かつ、②親や子と同居しない人において形成されると考えられます。

この二つの視点を用いて、年齢階層別に非人口要因を考察しますと、40代未満の単身世帯の増加の主因は未婚者の増加、50代男性における主因も未婚者の増加、60代男性は未婚者や離別者の増加が主因と考えられます。実際、１９８５年から２０１０年にかけて、男女別・年齢階層別人口に占める未婚者の割合を比べると、男性の30代～50代、女性の20代～40代にかけて未婚者の比率が著しく上昇しています[8]。

一方、70代及び80歳以上の単身世帯の増加をもたらした質的な変化としては、成人した子が、配偶者と死別した老親と同居をしなくなったことがあげられます。実際、配偶者と死別した老親と子供との同居率をみると、１９９５年から２０１０年にかけて70代男性で一六・九％ポイント、80歳以上男性で一八・四％ポイント低下しています。また、70代女性では一四・八％ポイント、80歳以上女性では一七・三％ポイント、同居率が低下しています[6][10]。

単身世帯の増加要因のまとめ

以上のように単身世帯の伸び率の高い男女別年齢階層について、人口要因と非人口要因を整理すると、70代以上の高齢者で単身世帯が増加した要因としては、長寿化によって高齢者人口が増加したことと、配偶者と死別した老親が子どもと同居しなくなったことがあげられます。一方、60代男性における単身世帯の増加は、60代男性人口の増加と、未婚者や離別者が増加したことの影響が大きいと考えられます。また、50代男性の単身世帯の増加は、未婚者の増加が主因と考えられます。

5　今後の単身世帯の動向――２０３０年に向けての将来推計

では、単身世帯は今後どのように推移していくのでしょうか。ここでは、国立社会保障・人口問題研究所編『日本の世帯数の将来推計（全国推計）――２０１３年1月推計』に基づいて、２０１０年から２０３０年までの単身世帯の動向をみていきましょう。

２０１０年から２０３０年にかけての変化

まず全体的な動向をみると、２０１０年に１６７８万世帯であった全国の単身世帯数は、２０３０年には１８７２万世帯となり、１９４万世帯増加するとみられています（図4-2）。同期間の単身世帯の増加率は一一・六％となります。また、総人口に占める単身者の割合は、１０年の一三・一％から３０年には一六・一％となり、三・〇％ポイント高まります。１０年から３０年にかけて、単身世帯の増加率は1割強であり、また総人口に占める単身者の割合が三・〇％ポイント程度しか高まらないので、「社会に与える影響はたいしたことはない」と思われるかもしれません。

しかし、年齢階層別に単身世帯数の変化をみると、これまで最も多くの単身世帯を抱えていた20代男性が、少子化の影響を受けて単身世帯数を大きく減少させる一方で、中高年の単身世帯数がその減少分を上回る勢いで増加していきます。年齢階層ごとの単身世帯数の増減が大きいため、社会に与える影響は大きいと思います。

具体的には、男女別・年齢階層別に単身世帯数の将来推計をみると、１０年には20代男性が単身世帯を最も多く抱える年齢階層でしたが、３０年になると、男性では50代男性が最多となり、60代男性がそれに続きます（**図４－４**）。他方、女性の単身世帯数の形状をみると、１０年は20代と70代をピークとする「ふたコブ型」でしたが、３０年には80歳以上の単身女性が２５６万世帯と最も多くなり、70代から30代まで年齢階層が下がるにつれて減少する「すり鉢型」になっていきます。

年齢階層別の単身世帯の増加倍率をみると、１０年から３０年にかけて2倍以上に増加する年齢階層として、男女ともに80歳以上の年齢階層があげられます。[2]

年齢階層別人口に占める単身者割合の将来推計

次に、２０１０年から２０３０年にかけての年齢階層別人口に占める単身者の割合の変化をみていきましょう。最も顕著な変化は、男性の50代と60代です。１０年では50代男性に占める単身者の割合は一六％でした

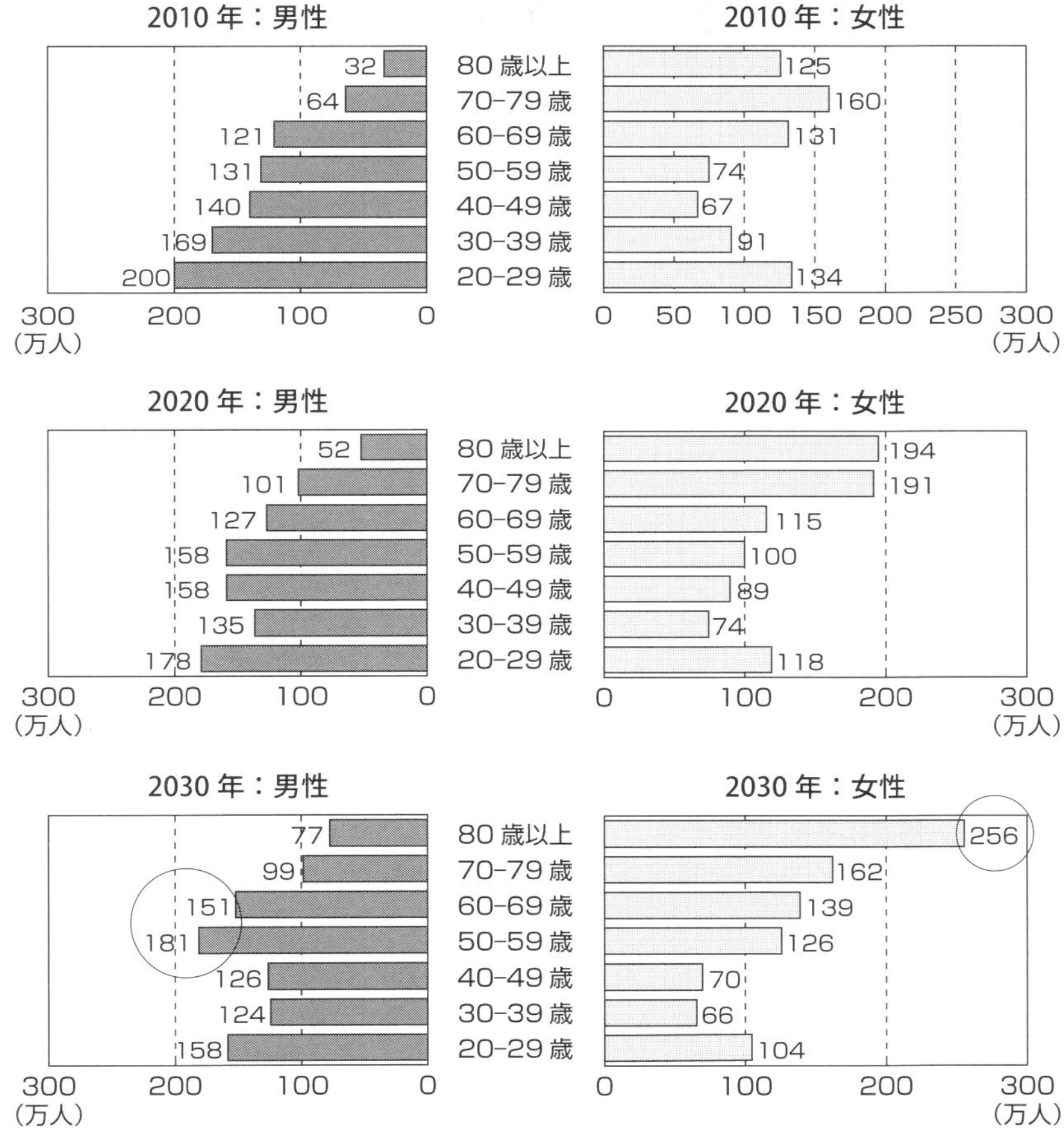

資料：10 年は総務省『国勢調査』(実績値)，20 年と 30 年は国立社会保障・人口問題研究所『日本の世帯数の将来推計（全国推計)』(2013 年 1 月推計）による将来推計をもとに筆者作成。

図 4-4　男女別・年齢階層別の単身世帯数の将来推計

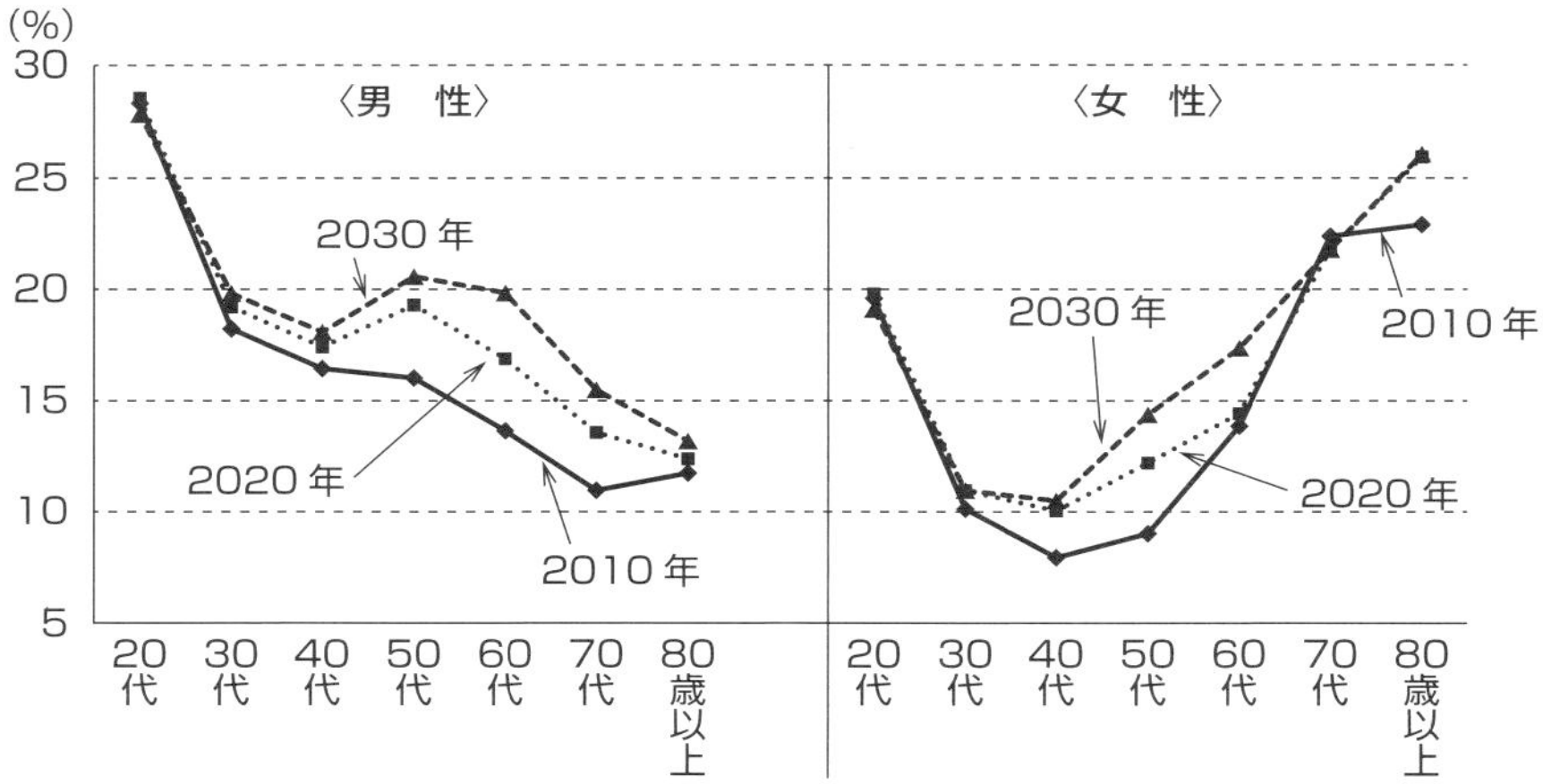

資料：国立社会保障・人口問題研究所編（2012）『日本の将来推計人口（2012 年 1 月推計）』，同（2013）『日本の世帯数の将来推計（全国推計）』（2013 年 1 月推計）により，筆者作成。

図 4‐5　年齢階層別人口に占める単身者の割合の推移

が、３０年には二一％となります（図4‐5）。また、60代男性の同割合も１０年の一四％から３０年には二〇％に上昇していきます。つまり３０年には、50代・60代男性のほぼ５人に１人が一人暮らしとなります。一方、女性では、50代女性の同割合が１０年の九％から３０年には一四％へと大きく増加していきます。

なぜ単身世帯は増加していくのか

以上のように、１０年から３０年にかけて、男性は50代以上、女性は40歳以上の年齢階層で単身世帯が増加していくとみられています。では、なぜ50代以上の年齢階層で単身世帯は増加していくのでしょうか。

まず、70代以上の単身世帯の増加には二つの要因があって、長寿化によって年齢階層別人口が増えていくことと、結婚した成人子が老親と同居をしないことの影響が大きいと考えられます。50代の年齢階層別人口は男女ともに増加するので、人口増加と未婚化が共に影響していると推測されます。一方、60代は男女ともに年齢階層別人口には減少しますので、単身世帯数の増加は、専ら未婚者や離婚者の増加といった質的な変化によるものと考えられます。特に、男性を中心にした中高年単身者の増加は未婚が主因と考えられます[2]。

6　単身世帯の抱えるリスク――「社会的孤立」のリスクを中心に

単身世帯の抱える三つのリスク

前記のように、今後、中高年男性や高齢者で単身世帯が急増していきます。では、単身世帯の増加は問題なのでしょうか。そもそも一人で暮らすか否かは、基本的には個人の選択ですので、一人暮らしに良いも悪いもありません。また、単身世帯の増加の背景には、女性の経済力が向上し、結婚しなくとも生活していける女性が増えたことが一因としてあげられます。ライフスタイルの選択肢が広がったことは、社会として歓迎すべき点だと考えています。

しかし、一人暮らしは、いざというときに支えてくれる同居家族がいない点で、２人以上世帯に比べてリスクが高いことも確かです。具体的には、２人以上の方と比べて、①貧困に陥るリスク、②要介護となった場合のリスク、③社会的に孤立するリスク、といったリスクが高いと思います[1]。

そして、これら三つのリスクは相互に関連し合うことが多いと思います。それは、困りごとが生じたり、貧困や要介護に陥りそうなときに、孤立していて相談にのってくれる人がいないために、これらのリスクが顕在化しやすいという面があると思います。

以下では、これら三つのリスクのうち、社会的孤立のリスクを取り上げていきます。

「社会的孤立」とは

社会的孤立には一義的な定義はありませんが、ここでは家族や友人、近隣の人々などとの交流が乏しいことと定義します。寂しさや孤独感といった主観的な側面よりも、人々がどの程度、家族や家族以外の人々と交流があるのかといった客観的な側面を中心に考察していきたいと思います。

具体的には、高齢単身世帯と現役世代（65歳未満）の単身世帯に分けて、一日あたりの生活行動時間から社会的孤立の状況を探っていきたいと思います。

高齢単身世帯における社会的孤立の状況

まず、高齢単身世帯の一日の生活行動時間をみていきます。総務省『社会生活基本調査』は、国民の生活時間の配分状況などを調査し、国民生活の実態を明らかにしています。特に、65歳以上の高齢単身世帯については、一緒に行動した人の有無とその行動時間を共に把握できます。以下では、高齢単身世帯の生活時間（週平均）について「一人で過ごす時間」「家族と過ごす時間」「家族以外の人と過ごす時間」に分けて考察していきます。

高齢単身世帯の「一人」で過ごす時間

まず、65歳以上の単身世帯は、一日のうちどの程度の時間を一人で過ごしているのでしょうか。睡眠時間を除いた一日あたりの「一人で過ごす時間」をみると、単身男性では12時間5分、単身女性では12時間2分と

表 4-1　一緒にいた人別の一日あたりの総平均時間（週平均）：65 歳以上の単身世帯と高齢夫婦世帯（時間：分）

	男性				女性			
	一人で	睡眠を除く	家族	家族以外の人	一人で	睡眠を除く	家族	家族以外の人
高齢単身世帯	20：31	12：05	0：45	2：11	20：19	12：02	0：52	2：06
高齢夫婦のみ世帯	13：18	4：52	8：19	2：01	13：20	5：21	8：46	1：29

注１：1日あたりの平均行動時間数で，行動しなかった人を含む全員についての平均時間であり，週全体を平均して算出したもの。
注２：この調査は 2006 年 10 月 14 日から 10 月 22 日までの 9 日間のうち，連続する 2 日間を調査日としている。平日と土・日では，行動パターンが異なることが考えられるが，上記時間はその区別を設けずに，週全体から一日当たりの平均行動時間を示している。
注３：「高齢夫婦」とは，夫婦のみ世帯のうち，夫が 65 歳以上，妻が 60 歳以上の世帯。
資料：総務省（2007）『平成 18 年　社会生活基本調査』第 12 表（週全体）をもとに筆者作成。

なっています（**表4-1**）。睡眠時間も含めれば、高齢単身世帯では、一日24時間のうち八五％を一人で過ごしていることになります。

では、高齢単身世帯の方は、一人で何をしているのでしょうか。睡眠時間を除いて、単身男性が費やす時間が最も長いのは、「テレビ・ラジオ・新聞・雑誌」であり、一日あたり4時間となっています。単身女性も「テレビ・ラジオ・新聞・雑誌」が最長であり、一日あたり3時間17分を費やしています。「テレビ・ラジオ・新聞・雑誌」に費やす時間が、「一人で過ごす時間（睡眠時間を除く）」の3割前後（男性三三％、女性二七％）を占めています。

「テレビ・ラジオ・新聞・雑誌」に次いで、一人で過ごす時間が長いのは、単身男性では、「食事」（1時間36分）、「身の回りの用事」（1時間13分）、「休養・くつろぎ」（1時間14分）、「家事」（1時間8分）、となっています。一方、単身女性では、「家事」（2時間12分）、「食事」（1時間34分）、「休養・くつろぎ」（1時間28分）、「身の回りの用事」（1時間26分）と続き、単身女性は、単身男性に比べて、「家事」の時間が1時間程度長くなっています。

高齢単身世帯が「家族」と過ごす時間

次に、高齢単身世帯が「家族と過ごす時間」をみていきましょう。高齢単身世帯が「家族と過ごす時間」は、単身男性で一日あたり平均45分、単身女性で52分となっています（表4－1）。高齢夫婦のみ世帯の「家族と過ごす時間」をみると、夫が8時間19分、妻が8時間46分となっているのに比べて、単身世帯の家族との交流時間は非常に短いのが特徴です。配偶者と一緒に暮らしているかどうかによって、「家族と過ごす時間」に大きな違いが生じています。

なお、注意を要するのは、右の「家族と過ごす時間」には、家族と過ごす時間を一切もたなかった人も含めた平均時間という点です。ゼロ時間の人を除いて「家族と過ごす時間」を求めると、単身男性で一日あたり4時間34分、単身女性で4時間57分となっています。家族との交流時間をもった人に限定すれば、単身世帯であっても一日あたり4～5時間程度を家族と過ごしていることになります。

「社会的孤立」という点から重視すべきは、「家族と過ごす時間」を全くもたない単身世帯です。具体的には、単身男性の八四・〇％、同女性の八二・七％が、家族との交流時間が全くありませんでした。特に、「子供のいない」単身世帯では、男性で九五・七％、女性では九六・八％が家族との交流時間をもっていません。今後未婚の単身世帯が増加していきますが、未婚の高齢単身者には子供がいないことが考えられるので、その多くは「家族と過ごす時間」をもたないことが予想されます。

また、子供が5分以内の近所に住む単身世帯であっても、7割程度は家族との交流時間がありません。近居の子供がいても、日常的な交流が乏しい単身世帯は多く、社会的孤立と無縁とはいえません。

高齢単身世帯が「家族以外の人」と過ごす時間

次に、高齢単身世帯が「家族以外の人と過ごす時間」をみると、単身男性が一日あたり2時間11分、単身女性は2時間6分となっています（表4‐1）。高齢夫婦のみ世帯の夫は2時間1分なので、単身男女とほぼ同じです。一方、高齢夫婦のみ世帯の妻は1時間29分であり、単身男女の方が家族以外の人と過ごす時間が長くなっています。

なお、前記の時間も、家族以外の人と過ごす時間を一切もたなかった人も合わせた平均時間です。ゼロ時間の人を除くと、単身男性の「家族以外の人と過ごす時間」では一日あたり10時間37分、単身女性では9時間35分となります。「家族以外の人」と交流をもつ高齢単身世帯に限れば、案外長い時間を友人や知人と過ごしています。

では、「家族以外の人と過ごす時間」を全くもたない高齢単身世帯は、どの程度いるのでしょうか。残念ながら統計上の制約があって正確な割合はわかりません。しかし、少なくとも、単身男性の五二・七％、単身女性の四九・一％は、「家族以外の人」と過ごす時間を全くもっていません。

さらに、「家族」とも「家族以外の人」とも過ごす時間を全くもたない高齢単身世帯――つまり社会的孤立に陥っている可能性の高い人々――の割合をみると、少なくとも高齢単身世帯の3割程度は、「家族」とも「家族以外の人」とも交流時間を共有していません。総務省『社会生活基本調査』は、連続する2日間の生活調査であり、統計上の限界がありますが、社会的孤立の状況に陥っている可能性があるように思います。

現役世代の単身世帯における社会的孤立の状況

次に、現役世代（65歳未満）の単身世帯について社会的孤立の状況をみていきます。一般に65歳未満であれば、職場における人間関係をもっているので、現役世代の単身世帯は、高齢単身世帯よりも社会的孤立は生じにくいと推測されます。

しかし、現役世代であっても無業の単身者は職場の人間関係をもたないので、社会的孤立に陥りやすいように思います。実際、40代の単身男女の一〇〜一六％、50代の単身男女の二〇〜二七％が無業者となっています[1]。

ところで、先の「社会生活基本調査」では、現役世代の単身世帯については、一緒に行動した人の有無やその行動時間が示されていません。そこで、65歳未満の無業の単身世帯について、平日の生活行動時間を1次活動、2次活動、3次活動に分けて、生活状況を探っていきます。1次活動とは、睡眠、食事など生理的に必要な活動であり、2次活動とは、仕事や家事など社会生活を営む上で義務的な性格の強い活動です。そして3次活動とは、これら以外の時間であり、各人が自由に使える時間――テレビ等の視聴、休養、趣味・娯楽など――と考えられます。

この点、無業の単身世帯の中でも、40代と50代の単身男性において、仕事や家事などの義務的な性格の強い活動（第2次活動）時間（平日、以下同様）が1時間7分〜1時間36分と極端に短くなっています（**表4-2**）。他方、自由に使える第3次活動の時間は、どの年齢階層よりも長くなっていて、40代の無業単身男性で12時間47分、50代の無業単身男性では11時間2分となっています。

そして、40〜50代の無業単身男性の第3次活動の内容をみると、最も長いのが「テレビ・ラジオ・新聞・雑

表 4-2　平日の無業単身世帯の生活行動時間（時間：分）

	無業単身男性						無業単身女性					
	第1次活動		第2次活動		第3次活動		第1次活動		第2次活動		第3次活動	
		有業者と比較（倍）		有業者と比較（倍）		有業者と比較（倍）		有業者と比較（倍）		有業者と比較（倍）		有業者と比較（倍）
総計	11:15	1.2	3:02	0.3	9:43	2.6	11:47	1.2	3:36	0.4	8:37	1.7
20～29 歳	9:59	1.1	6:14	0.6	7:47	2.2	10:25	1.0	6:31	0.7	7:05	1.5
30～39 歳	11:33	1.2	2:09	0.2	10:17	1.5	10:12	1.1	3:43	0.4	10:05	2.3
40～49 歳	10:06	1.1	1:07	0.1	12:47	3.3	12:14	1.2	2:33	0.3	9:14	2.1
50～59 歳	11:22	1.2	1:36	0.2	11:02	2.4	10:59	1.1	3:57	0.4	9:04	1.8
60～69 歳	11:26	1.1	2:10	0.3	10:24	2.0	11:36	1.1	3:46	0.5	8:38	1.6
70～79 歳	11:46	1.1	2:13	0.4	10:01	1.2	11:45	1.1	3:31	0.6	8:44	1.3
80 歳以上	12:42	1.1	1:59	0.3	9:19	1.7	12:30	1.0	2:44	0.4	8:46	1.8

注1：20 種類の行動を大きく三つの活動にまとめ，「1 次活動」とは，睡眠，食事など生理的に必要な活動，「2 次活動」とは仕事，家事など社会生活を営む上で義務的な性格の強い活動，「3 次活動」とは，これら以外の各人が自由に使える時間における活動。
注2：「有業者との比較倍率」とは，年齢階層別に「無業単身世帯の各活動時間／有業単身世帯の各活動時間」を計算して倍率を求めたもの。
資料：総務省（2007）『平成 18 年　社会生活基本調査』第 48 表（平日）をもとに筆者作成。

誌」であり、40代で5時間35分、50代で5時間16分となっています。これは、65歳以上の無業の単身男性の平日の「テレビ・ラジオ・新聞・雑誌」の時間（4時間48分）よりも約30分程度長くなっています。

また、40代の無業の単身男性のうち、週全体で「交際・付き合い」を行う時間をもつ男性の割合は一四・二％、50代では一三・九％となっており、8割強の無業の単身男性が「交際・付き合い」の時間をもっていません。同じ無業の単身世帯であっても、女性の場合は、40代の無業単身女性の同割合が二七・〇％、50代では二四・七％となっています。中高年の無業の単身女性に比べて、同単身男性では人との交流時間をもつ人の割合が低くなっています。

このように、40代と50代の無業の単身男性の生活時間は、高齢単身世帯と似た構造がみられます。しかし、現役世代の無業の単身世帯は、「現役世代」という点で、高齢単身世帯に比べて公的支援を受けにくく、行政の目も届きにくい面があるように思います。今後、無業の40代・50代の単身男性について社会的孤立の実態調査を深めていく必要があるように思います。

7　単身世帯の増加に対する対応

最後に、単身世帯の増加に対して、社会としてどのような対応をしていくべきかという点を考えたいと思います。

第一に、社会保障制度の拡充が必要です。現行の社会保障制度は、単身世帯の抱えるリスクに対して十分な対応ができていません。というのも一昔いや二昔前までは、ある程度の年齢になれば結婚して家族をもつことが当たり前でしたし、老親が子供と同居することも一般的でした。このため社会保障制度も、善かれ悪しかれ、家族の助け合いを前提に構築されてきた面があります。

しかし単身世帯が増加する中では、一人暮らしの人でも安心して暮らせるように、社会保障制度を強化していく必要があります。これは、家族を軽視することではありません。なぜなら、現在家族と暮らしている人も含めて、誰もが将来一人暮らしになる可能性を抱えているからです。

そして社会保障を拡充するには、財源確保が必要になります。無駄の削減は当然としても、それだけで社会保障強化に向けた財源を捻出できません。税や社会保険料の引き上げは不可避です。これは家族のセーフティネット機能が低下するなかで、様々なリスクに公的に対応してもらうための必要経費と考えた方がよいと思います。また、現在家族と暮らす人もいつ単身世帯になるかわからないので、そのための保険でもあります。

第二に、地域コミュニティの強化です。退職をした多くの高齢単身世帯にとって、地域コミュニティが「社会とつながる場」になりうると思います。また、近年、介護サービスや生活困窮者支援の分野で、各地のＮＰＯ（非営利活動）法人などが熱心に活動をしています。今後、高齢単身者や孤立されている方が、こうした地域の活動に、まずは「支え手」として参加して、いずれ加齢につれて「支えられる側」になっていく循環を考えていく必要があると思います。活動に参加することで、人的ネットワークを築き、社会的孤立を防ぐことも考えられます。

行政には、地域のＮＰＯ法人やボランティア活動を広げていくために、資金面や経営ノウハウの提供、人的ネットワークの構築支援といった面で条件整備をしていく役割が求められるように思います。

結婚して同居家族がいることが当たり前であったこれまでの日本社会にとって、単身世帯の急増はひとつの衝撃であると思います。しかし、この衝撃はうまく対応すれば、社会を良い方向にもっていく力にもなるでしょう。一人暮らしの人にとって暮らしやすい社会は、誰にとっても暮らしやすい社会であるはずです。血縁を超えて、公的にも地域としても支えあっていけるような社会の再構築が必要だと思います。

推薦図書

藤森克彦『単身急増社会の衝撃』日本経済新聞出版社、２０１０年。

本書は、日本の社会保障制度は家族の支え合いを前提に構築された面が強いため、単身世帯の増加は社会に大きな影響を与えるのではないか、という問題意識から、本章の執筆者が執筆したものです。内容としては、まず単身世帯の増加状況とその要因、将来の状況などを概観しています。その上で、単身世帯の増加が社会に与える影響として、低所得者の増加、介護需要の高まり、社会的孤立の高まりを考察しました。そして、欧米の単身世帯を概観した上で、「社会保障制度の拡充」と「地域コミュニティーのつながりの強化」が重要になることを指摘しています。

第5章　無縁社会になった原因とその対策

1　はじめに

「無縁社会」という話題は、ＮＨＫのテレビ番組を通じて日本社会に提起されまして、かなりの反響を呼んだのは皆様のご記憶にあるかと思います。その後東日本大震災と福島原発の事故が起きまして、国民とメディアの関心はそちらに移り、「無縁社会」のことはやや忘れられた感があります。しかし底流としては決して消滅した問題ではなく、高齢化時代に突入してむしろ深刻化しているといっても過言ではありません。そこでもう一度ここでその問題を考えてみたいと思います。

2 無縁社会になぜなったか

有縁社会から無縁社会へ

私も生活保障の問題を扱う経済学者でありますので「いったいなぜ日本は無縁社会になったのかな」ということで関心をもちました。まず、「無縁社会の対局にあるのは有縁社会なのか」ということになります。この有縁社会という言葉は日常語として定着していませんが、無縁社会を理解する上では役立ちます。有縁社会という縁のある社会だったのが、今度は無縁社会になって、今日話題になったようないろんなことが起きていると解釈できる。「じゃあ有縁社会というのはいったいどんな社会だったの」ということを考えてみると、三つのキーワードで要約できると思います。

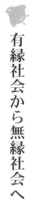

まず有縁社会というのは第一番目には、血縁が非常に大事にされている社会です。血縁というのは、いわゆる血のつながりのある家族というものが、お互いに共同体を作って助けあっていた社会である。親族という言葉を用いてもよいと思います。ところが親族といっても、親子や祖父・祖母と孫の関係というそれこそ血でつながった直系の親族もあれば、婚姻という血のつながらない、いわば契約で家族をつくる場合がある。夫婦であれば男女の愛情で結ばれているが、そのまわりにいるいわゆる岳父や岳母、叔父・叔母・甥・姪などが親族として登場するが、これら直系と婚姻によって生じた親族との違いは、誰もが知るように微妙で複雑な関係にあります。

二番目は地縁という意味で、同じ地域に住んでいる共同体の人たちがお互いに助け合っていた。同じ地域に住んでいる人の間で、非常に共同体意識が強かったのが地縁です。しかし、この地縁も東京圏や大阪圏といった大都市に住んでいる人と、地方の田舎に住んでいる人とでは、地縁の濃密度というか助け合いの程度が異なるのではないか、ということは多くの人が感じていることです。

三番目が社縁という言葉で言っていいと思いますが、同じ企業に勤めている人たちがお互いに共同体意識をもって、経営者は労働者を大事にして安易に解雇しないとか、特に大企業を中心にして社宅や病院、企業年金などの企業福祉制度を充実させていました。労働者もそのような企業の姿勢に応えるために、その企業にロイヤリティをもって簡単に企業を辞めないとか、それこそ一生懸命働きました。すなわちお互いに助け合っていた。同時に労働者間の連帯感にも強いものがありました。経営者と労働者が一体になれる社会というものが社縁社会だったと言っていいと思います。

日本は少なくとも１９７０年代から１９８０年代までにおいては、この三つの縁が非常に重要だと考えられてきましたので、今ここで挙げられたような事件というものはそんなに顕在化しなかった。しかしこの三つの縁が徐々に徐々に希薄化することによっていろんな事件が起きてきたと解釈していいと思います。したがって、ここではなぜこの三つの有縁社会が希薄化したのかということをご説明したいと思います。

その前に大事なメッセージがあります。無縁社会、無縁社会というけれど、日本人の大半の人はまだ有縁社会にいると理解してください。たとえば孤独死が3万人という数字は大変大きなショッキングな数字なのですが、大半の人はまだ家族に看取られて、お坊さんに葬式に来ていただいてちゃんとお墓に入るというのが多数派であります。日本はもう全員が何か孤独死しているような社会では決してございません。大多数はそんな無惨な死に方をしておりませんが、なぜ無縁社会がこれだけ語られるかという理由は、人数としては非常に少ないけれども、発生して社会にさらされる事態がセンセーショナルであるということで関心を呼ぶのです。たとえば白骨化した単身者が1年間も発見されなかった、ということがテレビで放送されたら「ひどいなあ」と大部分の人が思いますね。数は少ないけれども、そういう数が増えてきた、ということで社会にセンセーショナルで悲惨なことが発生しているということが認識されたので、無縁社会というのが非常に重要な意味をもってきたと理解してください。したがって、繰り返しますが、大多数の人はまだ有縁社会にいてそんなに無惨な死に方はしていないと理解しましょう。

血縁

私も学者のはしくれですので、ではなぜ三つの有縁社会、すなわち血縁、地縁、社縁が弱くなってきたのということを調べてきました。いろんな理由があります。第4章は統計に基づいて、単身の高齢者が増えている、単身の若者が増えていることとその理由が述べられています。そこで本章では、第4章で触れられていない話題を中心に触れていきたいと思います。まず最初に血縁がなぜ希薄化してきたか。一番目の理由として3世代住宅の激減があります。3世代住宅とは、おじいちゃん・おばあちゃんと成人した子どもと孫が一緒に住んでいる世帯のことを意味しますが、その数が激減しました。

なぜ激減したのかというと、いろんな理由があります。まず子どもは親元から離れて都会へ出て働きます。地方で育った子どもには職があまりないので、どうしても都会に出てこなければなりません。たとえば、鹿児島で育ったお子さんは東京か大阪に出てきて仕事を求めます。そうすると残されたおじいちゃんおばあちゃんは鹿児島にいて、成人した子どもは東京か大阪に住むという、これはもう物理的と経済的な理由から3世代住宅がなくなるというのは当然予想できます。

もっとも鹿児島のおじいちゃん・おばあちゃんが東京の息子なり娘の家に移り住むということもありえます。しかしこの方策はおじいちゃん・おばあちゃんが東京という見知らぬ土地でうまく住めるか、という問題もあってうまく進まないことが多いです。日本映画の歴史上で私がもっとも好きな小津安二郎監督の『東京物語』は、広島の田舎に住む老親が関東地方の子ども夫婦のところに行ったが、大都会の雰囲気と子どもとの間の心寒い風にがっかりして、広島に戻る話がこのことを象徴している。ところで、この事実は日本の高度経済成長によって地方の労働力が大都会に移動した結果であります。高度成長期のころは皆東京、大阪、名古屋、北九州に仕事を求めて若い人が移りました。そういう事情から親と子どもは別れて住むということを、経済的と物理的な理由で迫られたということが第一番の理由であります。

第二番目の理由は、たとえ親子が一緒の地域に住んでいても、できるだけ親子は独立して住みたいという希望をもちました。それを保証する経済的な手段は社会保障制度の充実であります。戦後年金や医療、そして最近では介護保険制度などを含めて社会保険制度が充実してきましたので、年老いた親もできるだけ子どもの経済支援に頼らずに、独立して自分で生活できるようになりました。という意味で、社会保障制度の充実によって、年老いた親が子どもの支援なしに3世代住宅に住まず、あるいは子どもが親に送金するということもなく、独立して年老いた親が経済的に自立して住むことが可能になったということが第二番目の理由であります。

第三番目の理由は、象徴的に言えば、いわゆる嫁姑問題。年老いた親と成人した子どもが一緒に住むと、家族の間で軋轢が起きる。文豪の夏目漱石、森鷗外すらも、皆さんご存じかもしれませんが、自分の母親と自分の嫁さんとの関係にものすごく悩みました。これは明治からずっとつづいた家族の歴史であります。先程述べた小津安二郎監督の『東京物語』もこれに似ています。できればそういうような家族の軋轢を避けたいと思えば、年老いた親と成人した子どもが別居するというのを親子とも望みますよね。というわけで、家族もできれば独立して住んだほうがいいという希望が日本人に芽生えましたので、こういう要因が重なって日本で3世代住宅が激減したというのが理由であります。

その背後には日本人の心理傾向と生き方に関して、個人主義の浸透がある。あまり家族の絆のなかで苦しい思いをしたくない、自分の人生を大事にしたいというような心をもつ人が多くなったという背景があります。その個人主義の台頭が、離婚率の上昇と未婚率の上昇という姿で現れました。結婚生活もういやになった、離婚しようかという人の統計をみると、日本の離婚率は上昇しているというのが明らかであります。これに関しては、女性で働く人の数が増加したことによって、離婚した女性で生活苦に陥る人の数が減少したこともあります。さらに、「子はかすがい」という思いが減少して、子どものいることが離婚を思いとどまらせていたという事情が低下したことも響いています。

それから未婚率の上昇、もう結婚なんかしない、家族なんかもつのはわずらわしい、という人が増えてきた、という事実があります。多少面白い話をしますと、昔においては若い女性が男性の配偶者にどんな希望をもっていたかというと、「3高」という言葉がありました。ご記憶にある方がいるかもしれません。3高というのは、若い女性からみて、男性は三つ高いものをもっているほうがいい。身長が高い、学歴が高い、所得が高い。この三つを女性は望んでいました。しかし昔の女性は専業主婦志向が強かったので、結婚願望を満たすためには「そういう希望はあるけど、ここでそれらは諦めるか」ということでほとんどの女性が結婚に踏み切ったわけです。一方で男も家事・育児は妻にまかせて、自分は猛烈サラリーマンとして働くことを願うか、それともそうせざるをえない事情から、妻のいることを望みました。だから男女ともに皆婚社会でした。

しかしながら、いまやそういう皆婚社会ではなくなってきて、未婚の人が増えてきた。今の若い女性が若い男性に求めているのは何かを調べてみますと、「3Ｃ」という言葉があります。3Ｃというのは英語のアルファベットのＣです。一番目がcomfortable、これは快適な暮らしができる。これはお金を持っているほうがいいだろうという意味、快適な暮らしがしたいという解釈が可能です。二番目がcommunicative、これは話を通じ合えて、お互いに理解し合える男性がいいというのが二番目のＣであります。三番目がcooperative、協力的な姿勢の人がよいということです。家事や育児や、その他のことでいろいろ助けてくれるような男性がいいというのが、今の若い女性の希望であります。なぜそういう風に変わってきたのかというと、これは生活あるいは経済を豊かにしたい気持ちは強いが、女性も働く時代になったから男性に経済的にそう依存しなくてもいい。むしろ「一緒にいて楽しい」という男性を女性が希望しだした。そして今の若い男性には、幸か不幸か、そういう女性の希望に合致するような男性があまりいない。

女性の希望ばかり言っていると不公平ですから、男性がどういう希望をもっているかということも調べてみました。これは小倉千加子さんという方が若い男性が女性にどういう希望をもっているかというと、「４Ｋ」あるいは「５Ｋ」という。一番目は、「かわいい」。男性はかわいい女性を求めている。二番目は「家庭的」、家庭生活をちゃんとやってくれる人が二番目。三番目は「かしこい」。男性が女性に対してかしこい女性を求めているということがわかります。賢い女性は稼ぐ力が強い可能性が高いし、自分を引っ張っていってくれるかもしれない、という思いかもしれません。四番目は、私は笑ってしまいましたが、体重が「軽い」です。これ、少なくとも私にはまったくわかりません。体重の軽い女性を男は求めているみたいです。草食系男性が増加しているといわれますが、関係あるかもしれません。肉食系女性が増加しているといわれている現代なら、太目の女性が多いかもしれず、ミスマッチの恐れがあります。五番目はお金です。これは時代の変遷が如実にわかります。男性が奥さんに対して稼ぐ力を要求するようになっているんです。

というわけで、このような、お互いの理想を言い合っているのは全然かまいませんが、ミスマッチが起きている可能性があります。男性と女性の間でミスマッチが起きていることが未婚率の増加の一つの理由であります。これは相手に対する要望がけっこう強い、「だったら一人でいくわよ」「一人でもいいか」という男女が増えてきたことを意味しています。

それから大切なことは、結婚できない男性がけっこう多いというのが、現代における特色です。失業中の若い男性がかなり多いですし、仕事のある男性であっても非正規労働者であるなら、年収が３００万円に満たないので結婚できません。橘木俊詔・迫田さやか著『夫婦格差社会』（中公新書）では、年収３００万円を「結婚の壁」と定義して、男性が結婚できない現実を物語っています。女性が働けば結婚できるのではないか、と思われますが、日本ではまだ男性に経済力が求められていますので、男性が結婚できないのです。

なぜ未婚率が増えてきたかというと、結婚できない人と結婚に対する多大な要求、この二つの理由が未婚率の上昇につながっていると私は認めます。離婚率の上昇の理由は、これまで述べてきた様々な理由によって、増えてきました。

さらにもう一つ付け加えておきましょう。これはいわゆる児童虐待というのも無縁社会の一つの象徴ということです。子どもに毎日充分な食事が与えられず、とくに乳幼児にミルクが与えられず死んでいるというような悲惨な事件が報道されたこともあります。子育てに自信がない若い夫婦が増加していることもわかっています。昔は3世代住宅であればおじいちゃんおばあちゃんが助けてくれたんですよ。とくにおばあちゃんは大事です。子育てに経験の深いおばあちゃんが一緒に住んでいるとか、近所に住んでいて、「こういうときはこうするんだよ」と教えてくれたんだけど、いまやもう3世代住宅の時代ではないし、先程の例に戻ればおばあちゃんは鹿児島に住んでいる。子育てをしなければならない息子ないし娘は東京に住んでいる。アドバイスしようがありません。というわけで、子育てを教えてくれる人がいなくなったというところであります。都会に住んでいる人は近所づきあいがさほどないので、近所に子育ての方法を教えてくれる人がいない、という事情もあります。

ここまで述べてきた理由に加えて、血縁関係が希薄化した理由によって、未婚者と離婚者が増加したのであり、家族の絆が弱まったことを示すいろいろな現象を説明する理由ではないかと思います。

地縁

次の話題は地縁です。これは同じ地域に住む人たちが助け合うという精神の強いことで、地域共同体を作っているのが地縁です。これも最初に申しました、日本の地域間の労働移動と大いに関係があります。地方から多くの若者が都会に出てきました。そういう意味で、都会に住んでいる人は皆見知らぬ人ばかりになりました。秋田から来た人、島根から来た人、そういう人たちが東京や大阪に住んでいるのですから、なんらかの努力をしない限り全く見知らぬ人同士です。隣の人は何する人ぞ、という感情を皆がもっているといっても過言ではありません。そうなると、地縁が生まれる確率は非常に低くなってまいります。それを象徴するのが住宅形式としてマンションで住むというのが大都会で一般的な住居の形態になりました。マンションには皆あちこちから移ってきた人ばかりで見知らぬ人ばかりだと、お互いに交流はなくしかも年齢や職場・職業の異なる人が住んでいることもあって、マンションに住む隣り近所の人に関心をもたない人が多く出てきたのがわかっていただけるかと思います。

それから職業も関係あります。昔は地方で農業や小さな商売や小さな家内工業が主でございました。そういうことに従事する人は先祖代々そういう仕事をしていました。農業、漁業、林業、商工業をずっとやっていました。ひいおじいちゃん・おじいちゃんの頃から、周りの人は皆農業をやっていてお互い知り合いでした。となると、職業も一緒ということの結び付きが多かった。しかも農業に関して日頃生じる様々な問題を共有していますので、お互いに情報を提供したり、助け合いをするということが自然な姿であったといえます。２０１１年の東北の大震災で三陸海岸の水産業が非常にダメージを受けたけれども、水産業の人たちはけっこうまだ地縁があって、お互いに助け合っています。この助け合いの現状が外国のテレビで紹介されて、日本人は助け合いの濃い国民であると知られました。大都会でこのようなことは期待できないかもしれず、地方で特有な地域住民の絆の強さである、と理解していた方がよいでしょう。こういう事情から、職業が一緒というのは非常に大きいけれども、地方に育って都会に出てきた人たちというのは様々な職業に就いています。製造業、あるいは銀行や商社、町工場からスーパーマーケットやコンビニエンスストアーなど、いろんなところで働いている人でしかも職業は皆別々です。だからお互いの同業意識というのは全くない、という意味で地縁が非常におろそかになっている。

そして、昔の地域には町内会というものがございました。町内会の組織はけっこう地域の共同体において皆一緒にやりましょうという意識を芽生えさせるために役立っていました。ところが、町内会というのは歴史を知ると非常に面白いのですが、戦争中は徴兵する人を探すための組織になってしまいました。軍国主義を支援するような組織に戦争中はなっていましたので、ＧＨＱは町内会の解体を命令しました。そういうこともあって戦後は町内会は潰れたのですが、その後は命令も撤回されて復活しました。地域に住んでいる人がお互いに助け合うような意識をもつために町内会は復活したのですが、戦前のような町内会の活動は、決して盛んになることはありませんでした。せいぜい盆踊りの実施か、回覧板をまわすことを行う、といったことが町内会の役割となっているのではないでしょうか。

もう一つ大事なことは、一昔前に地域においては民生委員というのがけっこう重要な役割を果たしていました。そこの地域に住む人たちがどういう経済状況にいるのか、一人住まいのお年寄りがどういう状況にいるのか、近所で何か問題が起きていないのか、というのを民生委員が見つけて対策に動くという役割だったのです。しかし、いまや民生委員になろうという人は、どこもなり手がなくて困っています。

戦前で民生委員になった人は、地域の著名人であり、天皇から任命されるという名誉職でした。そこで民生委員はそのことを誇りに思って、地域の人のためになることなら、と進んで町内会の仕事をしていたのです。

さらに無報酬でしたので、比較的に裕福な人がなっていました。無報酬の伝統は今でも続いており、実費にほんのわずかだけを支給するというのが現代の民生委員の手当てです。これだと成り手がいないのは当然でしょう。現代のように忙しい人の多い時代では、いくばくかの報酬の支払いが必要であると思います。

そういう意味で、民生委員が機能しなくなったということで、地縁の機能を低下させている。町内会への参加意識が弱くなり、しかも民生委員の機能が低下したというのが、地縁が低下したひとつの理由ではないでしょうか。こういう現象はとくに大都会で特有な現象です。地縁という言葉を考えた場合は圧倒的に大都会で深刻な問題であり、地方はまだ残っている、しかし日本はもう大都会に住んでいる人のほうが人口で言えば圧倒的に多いわけですから、地縁が消えた効果というのは、圧倒的な大多数の人間が受けている影響下にいるということです。

社　縁

次は社縁です。同じ企業に勤めている人たちがお互いに助け合う環境は、高度経済成長期頃が全盛期であり、その後の安定成長期ではまだ少し残っていました。しかしバブル期以降の不況期に入ってから社縁の意識が低下しました。具体的には、長期雇用、年功序列、というのが日本の労使関係を規定する二つの重要な制度でしたが、１９８０年代後半以降、日本は低成長期に入りしかも20年間不景気が続いています。となると企業は生き残りのために簡単に労働者を解雇する、リストラという言葉を使いますが、リストラをやるようになったと言われる、簡単に首を切る企業になれば、労働者だって考えますよね。「おれの雇用を保証してくれないんだったら、もう会社には忠誠も、信用ももたない」というのは当然です。

それから労働者側にも新しい現象があります。わりあい簡単に皆転職するようになった。７５３という言葉が労働経済学にあります。新卒の学生が就職後3年以内に転職する比率を学歴別でみてみますと、中卒は3年以内に7割が辞めます。高卒は5割が辞めます。大卒は3割が辞めます。若い人にとって転職が当たり前のような時代になりました。企業に忠誠心を感じないという時代になってきました。

もう一つ重要な要因は、非正規労働者の増加です。これは藤森さんも言われましたし、最初のＮＨＫの板倉さんも言われましたが、日本がいわゆる低成長時代に入って、企業は生き残りをかけて、正社員で雇うのではなくてパートや契約社員やその他もろもろの非正規で雇う人たちを入れました。統計によると4割弱の労働者が、日本では非正規労働者です。正規労働者は6割強しかいない。非正規労働者はいつ首になるかわからない、賃金もかなり低い、ほとんどボーナス支払いがない、職業訓練の機会が与えられない、といった劣悪な労働条件の中にいます。こういう労働者に企業に対する高いロイヤリティを期待するのは困難でしょう。非正規労働者の数が増えたら社縁が薄くなるのは簡単に予想できることだと思います。

このように長期雇用だとか年功序列の程度が小さくなったり、企業が労働者に福祉を提供しなくなり、すなわち社宅も廃止、独身寮も廃止、病院も廃止、いろんな形で企業が労働者に福祉を提供することがなくなりました。非正規労働者が増大した現代でもあります。このような要因が重なって、日本では社縁が薄くなっています。

まとめ

以上をまとめますと、血縁、地縁、社縁の強かった有縁社会から無縁社会に徐々に移っているというのがここでの結論となります。有縁社会から無縁社会になっていると、いろんな問題が生じるのであるから、もとの有縁社会に戻ればいいのではないか、という説がありえます。家族の絆がなくなったのなら家族の絆をもてるようにしたらいいじゃないか、地縁がなくなったのなら皆が地縁をもつようにすればいいじゃないか、社縁がなくなったのなら再び昔のような労使関係に戻ればいいんじゃないか、という声もあります。現に安倍内閣は憲法改正案の一部に、「家族は助け合うようにしましょう」、という文面を入れようとしています。あるいはそのような精神を促進するような方針を打ち出したい希望を抱いています。保守派の安倍首相ならではの政策だといえますが、上から目線の方針に個人が従うかどうか疑問があります。人の生き方にまで政府なり支配層が介入して、人の心まで変えられるのでしょうか。私はそれはもう不可能だと思います。家族の絆が弱くなったのは国民が選択したことですから、選択したことに対して元に戻せというのは、強い国王なり皇帝、あるいは独裁者が現れて、家族の絆が薄くなったのは非人間的だし、いろいろなところで不都合を発生しているので、皆家族で助け合えと命令を出して、従わない者は処刑するくらいの強烈なことを言わない限り国民は受け入れません。自由主義・民主主義の社会であれば、家族の絆を復活させるのは無理です。

同じことは地縁についても当てはまります。同じ地域に住む人は助け合うのが望ましい、というのが地縁の期待するところですが、これも国民の意思で地縁を弱めたことですので、血縁の復活が困難と判断したことと同じことが言えます。換言すれば、国民の選択に逆らうことは避けるべきなのです。

社縁の復活は血縁・地縁とは異なります。いろいろな政策を実行することによって、企業が長期雇用制や年功序列制を復活させたり、非正規労働者の数を減少させることに成功すれば、社縁は復活するかもしれません。ではどういう政策を採用すれば、企業はここで述べたことに応じるようになるのか、もう一つの論文を書く必要のあるテーマなので、ここでは次の機会にそれを譲ります。

むしろ私の主張は、有縁社会から無縁社会へ移って、いろんな問題が起きたのであれば、その問題による弊害の程度を最小にする手段を考えることが我々の任務ではないか、と考えています。たとえば、公共部門による社会保障制度を充実することが代表的な政策だと考えます。そこで、なぜ社会保障制度の充実が期待できるのか、これを次節で説明したいと思います。

3 無縁社会への対策

哲学・倫理学と経済学からの接近

前章で社会保障制度の拡充を主張しましたが、これを説得的に述べるには、哲学・倫理学で何を考えているかを知ることが大切です。そこで、いろいろな思想を紹介したいと思います。

まず哲学・倫理学からは、大別して三つの考え方があります。「コミュニタリアニズム」、「リベラリズム」、「リバタリアニズム」という考え方です。これは翻訳すれば共同体主義、自由主義、自由至上主義といった、人間の生き方、あるいは思想的にどんな主義があるかということになります。

ごく簡単に三つの言葉の意味を紹介します。共同体主義というのは言葉が示すように、ある一定の関係をもつ人々、たとえば民族だとか、宗教だとか、あるいは人種だとか、もう少し細かいことになりますと職業だとか、地域だとか、いろんな特性を共有する人の間で、わかりやすい言葉で言えば「助け合う」ということになります。

要するに同じ資質をもっている人たちですから、どうしても親愛の情をもちますので、その人たちのことが気になるし、その人たちが困っているなら助けたいという気持ちになるでしょう。資質を共有する人たちがお互いに助け合うような社会が望ましいというのが、易しい言葉で言えば共同体主義と定義していいでしょう。

一つわかりやすいのは宗教です。昔からユダヤ教とキリスト教というのは、西洋の歴史が始まって以来紛争をやっていますよね。ところがユダヤ教の人たちの間とキリスト教の人たちの間では、非常にお互い親しみを感じて助け合っているわけなんです。さらに違う宗教の人に対しては、他の宗教（たとえば代表的にはイスラム教）に対してものすごい敵対意識をもつというようなことです。宗教とか思想から離れて、地域という問題を考えれば、福祉の問題に関しては非常にわかりやすいと思います。同じ地域に住んでいる人がお互いに助け合うというような思想を、地域共同体による共同体主義と考えていいかと思います。東日本大震災における助け合いはすでに述べましたが、これも一つの共同体主義です。

自由主義というのはそういうものではなくて、お互い何か資質を共有する人とは無関係で、個人というのが前面に出てまいりまして、いわゆる個人の自由を尊重する立場です。

言ってみれば自立、誰にも助けられずに、自分もあまり他人を助けない。自分が中心の人生を送るために、自分が自由を尊重して自立をしていくのが自由主義と考えていただければと思います。

しかし、このリベラリズムという言葉は非常に多岐にわたる思想を含んでいます。リベラリズムというのは英語から来ているんですが、英語とアメリカ語でもリベラリズムというのは微妙に意味が違います。

ネオ・リベラリズムという言葉を聞かれた方もおられると思いますが、ネオ・リベラリズムというのはやや保守主義に近い考え方を表すこともありますし、一方でリベラリズムというのは進歩主義、あるいは革新的な思想というような意味も含んでおりますので、一言でこれがリベラリズムだと定義するのはなかなか困難なのです。論者によってリベラリズムということを語るときは、その人が具体的にどのような思想をもっているかに注意する必要があります。

その次がリバタリアニズムですが、これはわかりやすい。自由至上主義ですから、人間が生きるに当たって何が一番大事な思想かに関しては、自由が最も大事であると。自由至上ですから、誰にも干渉されないことを好むと主張するのがリバタリアニズムです。

先ほどのリベラリズムはいろんな意味を含んでいましたが、リバタリアニズムというのは意外とわかりやすい。経済にしろ、政治にしろ、社会にしろ、自由放任が一番最高の思想と考えます。

次は政治学からですが、そこには四つの言葉を、代表的にはたとえば保守的な政治思想、あるいは社会民主主義的な思想、あるいは自由主義、あるいは共産主義などです。これらの言葉はよくお聞きになっていると思いますので、あまり解説はしません。

次は経済学から、私は経済学が専門でありますので、この言葉についてやや詳しく解説したいと思います。まず市場原理主義というのと、公共政策主義、あるいは計画経済主義という、三つの言葉を挙げます。

どういう違いがあるかと言いますと、市場原理主義というのは経済を運営するに当たっては、市場の成り行きに任せると。背後にはいわゆるリバタリアニズムがあって、自由を尊重して、経済というのは企業、労働者、生活者の自由な意思に基づいて、それに任せるという考え方を採るのが市場原理主義です。経済学で市場原理主義というのは、新古典派経済学の主たる思想とみなしてよいです。

次の公共政策主義というのは、あまり使われない言葉ですが、市場原理主義とは違う立場を取ります。わかりやすく言えば、政府のやることにかなり期待する。あるいは市場が暴走しておかしなところにいってしまったら、そこで政府が出てきて規制をやるとか、対策を講じるとか、そういうことを期待する。政府がやる政策を公共政策というふうに理解すればわかりやすいかと思います。逆に市場原理主義では政府はあまり出てこない。

経済学の世界では、この公共政策主義はケインズ経済学という言葉で代表してもいいかと思います。ケインズ経済学というのは、いわゆる自由な市場に任せた新古典派の経済学だけでは経済はうまくいかないので、イギリスのジョン・メイナード・ケインズという人が出てきて、市場経済だけだとうまくいかないから、政府がいろんな政策をやらないといけないと言った主義です。

三番目が計画経済主義。これはマルクス経済学に対応しています。資本主義を批判したマルクス、エンゲルスの考え方を経済に運営するなら、経済は市場に任せるのではなくて、国が全面的に出てきて企業を国有化し、政府の計画どおり生産や分配を行うような経済を運営するのが一番望ましいという主張をしたのが、いわゆるマルクス経済学でいう計画経済です。

いま純粋に計画経済をやっている国というのは、あまり世の中には多くありません。旧社会主義国が社会主義をやめたことでわかります。現代における経済の場合は、市場原理主義でいくか、公共政策主義でいくか、両方とも資本主義を肯定しますので、だいたいこの二つに分かれているとみてもらって結構です。

もう一つ別なことを言えば、資本主義国のなかでも政党によって支持が違うということを言えば理解しやすいかと思います。たとえばアメリカは2大政党があります。民主党と共和党ですが、共和党はどちらかといえば市場原理主義に近い。マーケットに任せるのがいいというのが共和党です。一方の公共政策主義を支持するのは政府がかなり経済に関与するという取り方をするのが民主党です。国のなかでは政党の違いによって市場原理主義と公共政策主義が分かれることがあると理解していいです。

もう一つの例を言えば、一番わかりやすいイギリスです。イギリスというのは保守党と労働党という2大政党がありますが、保守党はどちらかといえば市場原理主義に近い。皆さんも名前を憶えておられるマーガレット・サッチャー首相というのは、まさに市場原理主義で政権を取った党です。一方の労働党というのはケインズ主義に近い政策をやっておりまして、政府がいろいろなことをやるし、福祉も大事だというようなことを言っています。イギリスも労働党と保守党、この二つの主義で大きく分かれていると理解していただいて結構です。

自助、共助、公助

哲学・論理学と経済学におけるいろいろな思想がわかれば、もう少し政策を具体的にイメージするときに役立つのが、自助、共助、公助です。これらをもっとわかりやすく理解できるのは、社会保障のことを考えることです。

まずは自助。これは自分でやれと。他人だとか政府の助けや支援というのを排除して、自分で強く生きろと言っているのが自助と理解していいかと思います。

共助というのは二番目に来ますが、これは先ほど言いました、コミュニタリアニズムの考え方に近い。あるいは公共政策主義にも多少近い。どういうことかと言うと、周りにいる人たちが一緒になって、何か困ったときは助け合うとか、あるいは困らないような制度を用意するとか、といったことです。周りにいる人たちがお互いに相手に関心をもって助け合う、共助というのが二番目の考え方です。

三番目の公助というのは言葉の表すとおり、公共部門、中央政府、地方政府というのが前面に出てきて、いわゆる人間生活をスムーズに行えるような制度を政府がつくり、それを運営し、積極的に政府が国民の生活なり福祉に関与するというのが公助です。

たとえば家族ということをどう理解したらいいでしょうか。血縁のことを述べましたが、先祖代々日本では家族はみんな絆が強くて助け合ってきました。これは自助でしょうか。あるいはそうでないかもしれません。家族というものは自助の中に入れていいのかどうか、意見の分かれるところです。

なぜ、家族というものが自助に入るのか、入らないかということを申し上げたのは、日本とアメリカの違いを考えれば一番わかりやすいです。どういうことかと言うと、日本とアメリカは福祉の分野で政府の関与する程度が非常に低いです。

皆さん、驚かれるかもしれませんが統計を見ますと、社会保障給付費がＧＤＰに占める比率、あるいは社会保険料だとか税だとか、福祉を運営するための収入を対ＧＤＰで比較しますと、日米は世界の先進国で最低レベルですので、政府は福祉をあまりやっていないと言っていいかと思います。

これは歴史的な理由があります。アメリカは自助ということを非常に重視する国ですが、日本との違いがある。日本は自助という言葉を考えると、そこに家庭が入ってまいります。アメリカの場合、家族というものは自助のなかに入ってこないと思う人が多いです。

その証拠を申し上げれば、アメリカは年老いて一人で生活できなくなると養老院に行きます。しかもアメリカの場合は民営の養老院が多く、公営の養老院というのはあまりないんですが、養老院に入るという自助です。そういうわけで、アメリカでは自分の老後は自分で見るという主義です。

日本はそうじゃない。少なくともいままでの日本の社会は、3世代住宅というのを例で申しましたが、お年寄りを介護、あるいは病気になったときに看護したり、お年寄りがお金がなければ成人した子どもが経済支援するという、3世代住宅で代表されるように家族というものが前面に出ていました。家族というのは自助の一つの形態であるという見方をすることもできます。

従いまして自助という言葉はアメリカと日本では意味が違う。両方とも政府はあまり福祉、社会保障に関与しないという意味では、日米は同じ特色をもっていますが、じゃあ誰が福祉の担い手になっているかと言った場合に、日本とアメリカの違いが出てまいります。

もう一つの証拠を示せば、アメリカというのはごく一部の貧困者と高齢者を除いて公的医療保険制度がございません。介護保険制度もアメリカにはありません。介護保険制度というのはヨーロッパの発想で出てきたシステムで、日本がそれを取り入れて、日本でも介護保険制度というのができましたが、アメリカ人の発想にはまったくありません。医療保険というのも、民間の医療保険会社が提供する保険制度だけです。民間に任せすぎるとどういうことが起きるかと言うと、いまアメリカで問題になっているのは医療格差という問題です。

民間の提供する医療保険の保険料は高い、そうすると貧乏人は入れないというわけで、アメリカには無保険者が数多くいます。お金がないから、民間の医療保険会社の提供する保険制度に加入できないですから、彼らは病気になっても医者に行けないから早死にするというのがアメリカの現状です。

そういう意味でアメリカという国は、繰り返しますが自助、そして自立。自分のことは自分で面倒を見ろと言う哲学が、もうずっと続いています。なぜアメリカの人たちがそういう哲学をもってきたかと言うと、アメリカの歴史を見ればすぐわかります。アメリカという国は、歴史的には世界各国から移民で来た人で成立し、２百、３百年前に国を成した国ですから、国を捨ててアメリカに移住してきた人たちで成っています。いま生きている人も移住してきた人の子孫です。

移民というのは誰に頼るかといったら、自分しかないんです。移民というのは皆さん、西部劇などで時々ご覧になるように、自警団をつくって自分で守るというのが、アメリカのずっと長い間の哲学です。政府や他人の助けには頼らないというのが脈々と続いていますので、福祉の分野でもそれが徹底している。アメリカは移民国家だから、このような哲学をもったと理解していただいて結構であります。

ところがヨーロッパや日本というのは長い歴史を保持した国ですので、アメリカとは違う哲学なり経済思想を、ずっと育んできたということが直感的におわかりになってくるかと思います。共助と公助が大切です。

その次は共助です。自分と資質を共有している人たちの間で助け合うというのを共助と理解すればわかりやすいと思います。これはすでに述べたコミュニタリアニズムの発想です。

共助で問題になるのは企業の役割です。昔の日本というのは、農業と商業が中心でしたので、あまり企業は大きなウエートを占めておりませんでしたが、戦後日本も工業社会に入って、企業というものが非常に重要な役割を演じるようになりました。

そして福祉、社会保険制度ということを考えたときに、社会保険料の負担を誰がしているかに関しては、皆さんも給料をもらったときに、自分の社会保険料は当然ですが、企業も半分負担しています、少なくとも社会保険料というのは、本人と企業が半分負担しているというような現実を見ますと、共助ということを考えたときに、企業は共助の担い手かもしれないということになります。

第三番目は公助です。日本では福祉は家族のやるもの、そして企業のやるものという意識が強かったから、政府というのはミニマムなことしかやってこなかったという歴史があります。それが、社会保障給付費が対GDPに占める比率が日本はヨーロッパに比べてかなり低い一つの理由です。

ヨーロッパはそうではありません。社会保険料は企業も半分負担している国が多いですが、基本的にヨーロッパの場合は、福祉の財源は国民が負担するというのが中心の概念です。

なぜそういうことかというと、国によって違いますが、税収を社会保障の給付の財源に使う比率が高いです。税収というのは税金ですね。国民一般大衆から徴収した税金というものを財源にして運営するケースが多いので、政府が中心にやっているというふうに理解していただいて結構です。

そのような理解をしていただくと、先進国を大胆に区別するということが可能になります。先進国を大胆に福祉の在り方から区別をしますと、アメリカと日本は自助と共助の国であると。日本の共助というのは、何回も繰り返しますが家族と企業が関与していた。家族を自助の一つの形態というふうに理解する人からすると、日本は自助の国と言っていいかもしれません。

日米間でも違いがあると。自助と共助の重視だけれど、アメリカは徹底した自助重視の国であると。日本は共助のウエートが結構高いという意味でして、これは企業がかなり関与していたというのが一つの理由です。

ヨーロッパは共助と公助の国、特に公助のウエートが非常に高い。国によっては、たとえばデンマークという国を取ってきますと、デンマークというのは社会保障給付のほとんどを税金で賄っています。社会保険料ではほとんど徴収せずに、国民の税金でやっている。したがって消費税率は二五％という非常に高い国になっています。

日本のように五％から八％にするのに大騒ぎしているような国とは違って、もうヨーロッパは国が福祉に関与するというのに国民の合意がありますので、消費税は二〇％から二五％になっているということでわかっていただけるかと思います。

しかしヨーロッパも、北と、中と、南とで違います。それは国がどれだけ福祉に関与するかの程度によって如実に表れております。低福祉・低負担の国、政府はあまり関与しない。たとえばポルトガルとか、スペインとか、ギリシャとか、イタリアとか、そういう南ヨーロッパの国は政府はあまり福祉に関与しません。こういう国はやはり家族がやるという特徴をもっていますので、政府はあまり出てきておりません。それでも日米両国よりかは政府の役割が大です。

二番目が中部ヨーロッパ。ドイツ、フランス、オランダ、イギリスという国は中福祉・中負担の国です。政府はそれなりの税金や社会保険料を徴収して、サービスの程度も中レベルであるということになります。

一番福祉が充実しているのは北欧諸国でして、ノルウェー、スウェーデン、デンマーク、フィンランドといわれる北欧諸国は、政府がものすごく福祉に関与しておりますので、高福祉・高負担の国であるというふうに理解していいかと思います。

血縁、地縁、社縁が崩れて無縁社会になった日本であれば、自助と共助の果たす役割が低下したということになります。残るのは共助と公助の役割を重視する方法しかない、というのが私の理解です。いわばヨーロッパの国々、特に中欧か北欧の社会保障制度に近づくようにせねばならない、というのが私の主張です。でも、アメリカ型のリバタリアニズム、あるいは自助と自立の世界を好ましいと思う人が日本での多数派のように思えますので、私の主張は少数派と言っていいかもしれません。

第Ⅲ部

無縁社会の心理と行動

第6章 無縁化する社会

1 はじめに

日本社会の無縁化が進んでいるといわれ始めて久しい。実際、近所づきあいの程度の変遷を見ると、大都市でも町村においても、それが2000年代に入って急速に縮小しており（表6-1）、特に高齢者にその傾向が顕著に認められると報告されています。[12] この近所づきあいの縮小によって生じる悪影響の端的な例の一つとして、孤立死があります。図6-1は都市再生機構の管理する賃貸住宅内での孤立死が年を追うごとに増加していることを示しています。他にも、2009年に全国98の自治体が運営する公営団地で孤立死した人の数が少なくとも1191名に上ったという報道もあります（毎日新聞2010年10月27日東京朝刊）。現代の日本社会では、多くの人びとが誰にも看取られることなく一人で死を迎えているのです。

このような近隣関係の希薄化の原因としては様々なものが考えられますが、一つには、現代社会において地域コミュニティ間の壁が薄くなり、逆に家と家の間の壁が厚くなったことがあるでしょう。[21] かつては地域内部

表6-1　近所づき合いの程度の変遷（大都市と町村）

都市規模	調査年	よく付き合っている	ある程度付き合っている	あまり付き合っていない	全く付き合っていない	わからない
大都市	2011年	15.0	47.8	29.1	8.0	0.2
	2004年	14.4	47.5	26.6	10.9	0.7
	2002年	14.7	41.2	31.5	12.2	0.4
	1997年	31.1	36.3	23.3	9.1	0.2
	1986年	39.1	33.7	19.7	7.0	0.4
	1975年	35.9	41.1	19.0	3.7	0.3
町　村	2011年	23.8	52.4	18.4	5.4	0.0
	2004年	34.8	49.0	13.6	2.2	0.4
	2002年	28.8	49.7	17.6	3.6	0.3
	1997年	57.8	29.7	10.5	1.4	0.5
	1986年	64.2	26.1	8.3	1.1	0.3
	1975年	68.3	24.5	5.5	0.4	1.3

注1：1986年の「大都市」は「11大市」，1975年の「大都市」は「10大市」
資料：平成23年版厚生労働白書　本編図表バックデータ（厚生労働省，2012〈http://www.mhlw.go.jp/wp/hakusyo/kousei/11/backdata/data/1/23010210.xls〉）

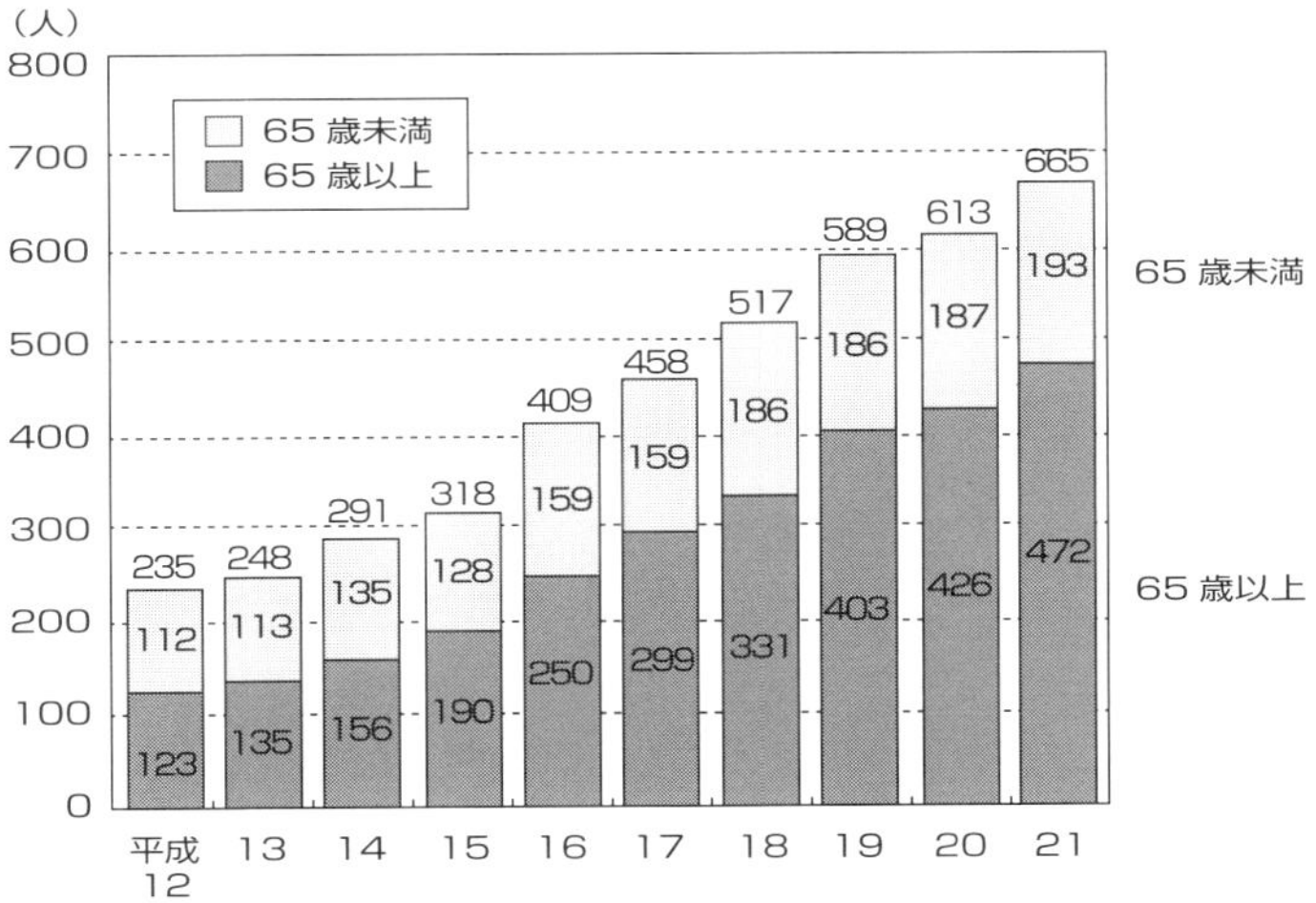

＊(独)都市再生機構が運営管理する賃貸住宅で，単身居住者が誰にも看取られることなく，賃貸住宅内で死亡した件数
資料：高齢者の社会的孤立の防止対策等に関する行政評価・監視（総務省，2012〈http://www.soumu.go.jp/main_content/000142076.pdf〉）

図6-1　都市再生機構における「孤立死*」の発生状況

で地縁・血縁によって人びとが強く結びつきながら、地域外部の人びとに対しては多かれ少なかれ排他的に振る舞うことで、地域間の心理的な障壁が厚く保たれていました。そのような社会では、逆に地域内部での家と家との間の心理的障壁は薄く、活発な交流が当たり前のようにみられたわけです。そこでは、地域内での相互扶助の規範にしたがうことは当然のこととされ、近隣同士が相互に関心をもち合いながら、緊密なネットワークを形成していました。

ところが２０００年代に入ると、**表6-1**にみられるように、そのような近隣同士の緊密なつきあいは急速に縮小し、少なからぬ人びとが孤立した生活を送るようになりました。その要因の一つと考えられるのが、社会の経済的な発展による人材の流動化が起こったことです。とりわけ、１９９０年代後半に始まったとされる経済のグローバル化は大きな影響を及ぼしました。グローバル化に対応するために終身雇用と年功序列という日本的経営慣行が見直され、人材の適正配置が求められるようになり人材の流動性が高まっていきました。このような流動性の高い社会においては、他の地域から流入してきた見知らぬ他者を無条件に信頼することは難しくなっていきます。

そのため、人びとは家の心理的な壁を厚くし、家庭と家庭との間の自由な往来を抑制するようになりました。このことが地域内部での相互扶助規範を弱体化し、近隣関係への無関心、社会的ネットワークからの孤立を生み出す一因となったと考えられます。

さらには、近年になって進んでいると言われる社会経済的格差の拡大の影響も無視できないでしょう。社会経済的格差の拡大が人びとの間の希望格差を拡大し[23]、教育機会の不均衡を生じさせることでそれらの格差が再生産されます[5]。さらには、社会経済的地位の高い者にも自らの地位を維持することへの不安が高まっていると言われています[21]。つまり、今の日本社会は誰もが希望をもちにくい状況にあるのかも知れません。このような希望の欠如は他者への無関心や相互不信につながり[20]、また格差の拡大が将来への希望を損ない、それが人びとの間の相互不信を煽る結果となっています。

2 相互不信による人と社会の弱体化

相互不信の広がりは人と社会に小さくない悪影響を及ぼします。その影響過程を理解するための一つのキーワードが自己制御です。相互不信が人びとの自己制御を低下させることによって、人と社会が弱体化するという過程が想定されます。

人と社会との間にはある種の暗黙の契約関係が存在すると考えられています。それは、社会がある個人を受け入れる限りにおいて、その個人は社会的に有益な人間として振る舞うべく自己制御するという契約です。[1] ここで自己制御とは、人が自らの利己的な欲求や衝動と常識や道徳などの社会的な制約との葛藤を調整し、社会的に受け入れられるような方法で処理することを意味します。

このような考え方に基づけば、人びとの間の相互不信の拡大が人と社会に何をもたらすかが理解できるでしょう。ある地域内で相互不信の拡大によって他者を信頼できない人びとの割合が高くなると、人と社会との暗黙の契約関係が破られることが多くなります。つまり、自らを信頼せず受け入れようとしない社会には受け入れてもらわなくてもよい、とばかりに自己制御を放棄する人びとが増えるわけです。同時にそれは、利己的な欲求や衝動のままに振る舞う人びと、常識や道徳などの制約を受け入れない人びとが増えることを意味します。結果として、社会における相互不信がさらに拡大し、社会の中で孤立する人びとが増加するという悪循環が発生するのです。

社会的孤立は人と社会に多くの悪影響をもたらします。

まず第一に、孤立は人に対して生理的なダメージを与えます。それはなぜかという問いへの一つの答えは、孤立が人の所属欲求を脅かすからです。所属欲求とは、他者と良好な関係を築こうとしたり、何らかの関係性や集団に所属しようとしたりすることへの欲求であり、これは人間の基本的な欲求のひとつだと考えられています。[9] 孤立はこの基本的な欲求を脅かすことで人に対する社会的なストレスとなります。孤立はコルチゾールとカテコールアミンという物質を過剰分泌させることがわかっており、[14] 前者の過剰分泌は免疫細胞にダメージを与え、後者の過剰分泌は血圧を上昇させます。人は社会的に孤立すると、免疫力が低下するとともに血圧が上昇しやすくなるわけで、これらはいずれも人の健康を脅かし、死亡リスクを高めるのです。[3]

孤立のもたらす心理的・行動的な悪影響についても多くの報告があります。まず孤立は人びとの抑うつを高めます。また、孤立は生活習慣を悪化させるという報告もあります。エングら[3]の大規模な疫学研究によれば、社会的な孤立が喫煙率の高さ、飲酒量の多さ、身体活動の少なさといった望ましくない生活習慣と関連することが示されているのです。さらには、上述のように孤立が所属欲求を脅かすことによって、欲求不満を生じさせ、結果として攻撃性が高まるという過程も想定できます。[9]

前節で言及した社会経済的格差の影響も無視できません。ロクナーら[10]はアメリカ人を対象とした疫学研究で経済的な貧しさと格差が人びとの健康に対して交互作用的に影響を及ぼすことを示しています。それによると、まず収入の低い層ほど死亡率が高く、さらに、「やや貧しい」層では経済格差の大きな州の住民ほど死亡率が高いことが示されたのです。つまり、格差が貧しさの健康に及ぼす悪影響を増幅する可能性があるのです。

地域内部での相互不信の拡大は、さらに社会そのものにとっての脅威を増大させます。相互不信によって他者に対する無関心が拡大することで、犯罪機会が増大します。また、そのような地域では社会規範の拘束が弱いため反社会的行動に対する抑止力も弱まります。結果として相互不信の広がりによって地域内部での治安が悪化することも考えられます。[20]

無縁社会でのこのような一連の過程を断ち切るためには何が必要なのでしょうか。「絆を取り戻すことだ」

というのが一つの答えかもしれません。確かに、過去に行われた膨大なソーシャル・サポート研究は、人びとの間の絆、すなわち良好な関係性がストレスの悪影響を緩和すること、人びととの行動をより適応的なものにすることを見いだしています。[22]

3　ソーシャル・サポートと無縁社会

良好な対人関係がストレスに及ぼすポジティブな影響に関して、従来二つの仮説が主張されてきました。[2] 一つは、ストレス緩和仮説です。この仮説では、個人の経験するストレスの程度によって対人的なつながりの良好さの影響が異なると主張しています。人がさほど大きなストレッサーにさらされていない状況では、対人関係が良好であるかどうかによって心身の健康に差は生じないという考え方です。しかし、人が強いストレッサーにさらされた場合には、ふだんから良好な対人関係をもつ者はそうでない者と比較して、ストレッサーの悪影響を受けにくいというのです。

もう一つの仮説が直接仮説です。この仮説では、対人関係の善し悪しがストレッサーの有無・強弱にかかわらず人の心身の健康を左右すると主張します。これら二つの仮説のうちどちらが支持されるかは、サポートをどのように操作的にとらえるのかによって左右されることが指摘されています。[2]

これら二つの仮説のうち、緩和仮説はサポートをその利用可能性としてとらえた時に支持されやすいものです。サポートの利用可能性とは、人が何らかの困難な状況に陥った時に周囲の人びとからの対処資源の提供がどれくらい期待できるかの程度のことです。このサポートの利用可能性はストレッサーにさらされた人にとって心理社会的資源として機能します。心理社会的資源とは、人がそれらを潤沢にもつことによって、困難な状況に出会った時でもそれに立ち向かえたり、その困難な状況への適応的な反応を促進したりするような諸資源の総称であり[4]、大きく二つの機能をもっています。状況の評価に関する機能と状況の制御に関連する機能です。前者については、心理社会的資源を潤沢にもつ者は状況の困難さに対するインパクト評価の閾値が高いため、困難な状況に直面した場合でもそのインパクトを低く評価できます。逆に言えば、資源の乏しい者はインパクト評価の閾値が低いため、出来事のインパクトを過度に評価しがちであると考えられるのです。後者の制御的機能については、資源を潤沢にもつ者はそれを利用することで困難な状況にあっても適切に対処できます。そのため、たとえインパクトが高く評価された出来事であっても、その悪影響を低減できます。逆に、資源が乏しい者は困難な出来事にうまく対処できず、インパクトの悪影響を低減することができないのです。サポートの利用可能性もまた心理社会的資源としてこのような二つの機能をもっています。つまり、サポートの利用可能性を高く見積もる者はそうでない者と比較して、潜在的なストレッサーの脅威を低めに見積もり、かつ脅威であると認識されたストレッサーに対してより適切な対応をとることができます。結果として、サポートの利用可能性の高い者はそれの低い者と比較して、ストレッサーの悪影響を受けにくくなるのです。

一方の直接仮説は、サポートを個人のネットワークの大きさとしてとらえた時に支持されやすいことが知られています。このようなメカニズムは、ネットワークが大きいことのポジティブな効果としてよりも、ネットワークが小さいことのネガティブな効果としてとらえた方が理解しやすいでしょう。前節で述べたように、人は所属欲求という基本的な欲求をもっています。対人的なネットワークが小さい者ほどこの基本的な欲求が脅かされがちであるため、そのことがストレッサーとなって人の心身に種々の悪影響が及ぶと考えることができます。

対人関係が心身に及ぼすこのような影響を考えたとき、無縁社会は、ソーシャル・サポートの効果を考えるための基本的な前提を欠いていることがわかってきます。まず、社会が無縁化することによって生じる孤立そのものが人にとってストレッサーになります（直接仮説）。そして、孤立した人びとにとっては、当然のことながら対人関係から利用可能な対処資源を手に入れることも困難になります（緩和仮説）。

このような無縁化の悪影響が社会経済状況の悪化によって増幅される可能性も指摘できます。本来、ソーシャル・サポートは特に経済的に貧しい層において健康を維持し促進する効果をもっているものです[16]。しかし、実証的な検討の結果は、貧しさがサポーティブな対人関係を損ないがちであることを示しています。たとえば斎藤は[15]、わが国における大規模調査のデータ（n=32,891）を分析した結果から、低所得者層になるほど周囲の人びとからサポートを得ることも周囲の人びとにサポートを与えることもない人の割合が多いこと、さらにサポート授受の有無が主観的な健康度ならびに抑うつの程度と関連することを報告しています。また、カワチらは[6]、アメリカ合衆国の39の州を対象とした調査で、格差の大きな州ほど他者を信頼しない住民の割合が高く、他者を信頼しない住民の割合の高い州ほど死亡率が高いことを明らかにしています。さらに浦は[20]、経済的に貧しい個人ほど他者に対する一般的信頼が低く、それが健康満足度を下げること、そして、格差の大きな都道府県に住む人びとほど経済的地位と信頼との関連が強くなることを報告しているのです。

4　失われた絆を取り戻すためには

以上のような状況における喫緊の課題は社会に絆を取り戻すことであることは明らかでしょう。しかし、そこには多くの要因が複雑に絡み合っています。まず、経済的な成長のために人材の流動化が進み、それが地域内部での絆を弱め、社会の無縁化につながりました。また、経済的な成長の過程で格差が生じ、それが人びとの相互不信をあおることで絆をさらに弱めたのです。結果として人びとの心身の健康は損なわれ、特に貧しい人びとにその影響が顕著に表れるようになったといえます。では、今後われわれが向かうべき一つの方向として、かつての社会に戻るという選択肢はどうでしょうか。つまり、地域の壁を厚くし、人材の流動性を低め、地縁・血縁で強く結びついた人間関係が安定的に続く社会を取り戻すという方向です。かつての地域社会にみられたような相互扶助関係がよみがえる可能性はあるかもしれません。

ですが、実際には社会を過去の形に戻すという変化はあまり期待できないのです。それは社会全体の経済的な停滞を招くことになりかねませんし、また、われわれが長い年月をかけて獲得してきた自由とプライバシーが脅かされる環境に逆戻りすることになるかもしれないからです。とすれば、われわれはどこへ向かうべきなのでしょうか。それは、地域の壁が薄く、人材の流動性が高く、今と同じレベルの、あるいは今以上の経済的な豊かさが保たれ、かつ人びとが相互に関心を向けあうことのできる社会を新たに創出することでしょう。

もし、格差の拡大が希望を損ない、希望の欠如が相互の関心を損なうのであれば、格差を縮小するような制度設計が必要であることは明らかでしょう。それが実現できるならば、経済的な成長に伴う相互の関心の欠如に歯止めをかけることが可能です。経済成長戦略とともに社会保障制度の拡充や所得の再配分システムの見直しが図られるべきかもしれません。

しかしながら、そのようなマクロな制度設計の効果が現れるまでにはかなりの時間がかかるのに対して、社会的な孤立とそのネガティブな影響の解消はいますぐ解決すべき喫緊の課題です。とするならば、マクロな制度設計を図りつつ、早期に実現可能な別の方策を講じる必要があります。

5　社会に対する当事者意識の高まり

そのような方策にとって、個々人のボランタリーな活動の組織化が重要な鍵となります。地縁・血縁に基づく絆や相互扶助の充実が期待できないであれば、それらに頼らない支えあいのシステムの構築を目指すほかにありません。果たしてそのようなシステムの構築は可能なのか……また、可能であるとしてそれは人と社会にどのような影響を及ぼすのでしょうか。

現代の日本社会においては地域の力は弱体化しています。しかしそのことは必ずしも、個々人の社会に対する当事者意識が弱まっていることを意味しません。むしろ、いくつかの調査結果は、個人のレベルでは当事者意識や社会貢献への意欲が高まっていることを示しています。内閣府の社会意識に関する世論調査[12]（平成25年度版）（n= 6,186）を見ると、「あなたは、日頃、社会の一員として、何か社会のために役立ちたいと思っていらっしゃいますか」という問いに対し「思っている」と答えた者の割合は六五・三％でした（この割合は１９９０年代後半から一貫して六〇％以上を維持しています）。さらに、社会のために役立ちたいと思っていると答えた者に、どのようなことで役立ちたいのかを聞いたところ（複数回答）、「社会福祉に関する活動（老人や障害者などに対する介護、身の回りの世話、給食、保育など）」を挙げた者の割合が三七・六％で１位、「町内会などの地域活動（お祝い事や不幸などの手伝い、町内会や自治会などの役員、防犯や防火活動など）」が三四・一％で２位、以下、「自然・環境保護に関する活動（環境美化、リサイクル活動、牛乳パックの回収など）」（三二・四％）、「自主防災活動や災害援助活動」（二六・九％）、「自分の職業を通して」（二六・七％）の順となっていました。つまり、少なくとも住民個人としての意識レベルでは地域貢献や地域内での相互扶助への意欲は決して低くないのです。

また近年、若者の志向性の一つとして地元への回帰傾向のあることが指摘されています。たとえば、内閣府の第８回世界青少年意識調査[11]（n=1,090）によると、わが国の若者（18歳～24歳）のうち「今住んでいる地域（市町村）が好き（好きである＋まあ好きである）」と回答した割合は九一・三％に上ります。同じ質問への肯定的な回答の割合は、第２回の同調査（１９７７年）以来六七・四％→七二・〇％→七四・七％→七五・七％→八五・三％と継続的に上昇しています。また、若者が「今住んでいる地域（市町村）が好き」である理由としては、「友だちがいる」が六〇・三％で最も高く、「愛着がある」が五二・三％と続きます[11]。

さらに、このような若者のボランティア活動への志向性の高まりも見て取れます。同調査の「ボランティア活動の経験があるか」の問いに対して「現在している」と答えた若者は五・六％「以前、したことがある」と答えた若者は四三・九％でした。また、ボランティア活動に対して興味が「ある」と答えた若者は五六・一％で、「ない」（三四・四％）を大きく上回っています。この割合は、この国際調査で比較対象となった、韓国（四九・五％）、フランス（四四・一％）、アメリカ（四二・四％）、イギリス（三〇・〇％）をいずれも上回っています。そして、ボランティア活動に興味がある理由としては「困っている人の手助けをしたい」が六三・四％で最も高く、「いろいろな人と出会いたい」（五五・六％）、「新しい技術や能力を身につけたり経験を積んだりしたい」（三七・七％）、「地域や社会をよりよくしたい」（三三・三％）、「自分のやりたいことを発見したい」（二五・五％）の順でした。

6　支え、支えられる社会に向けて

これらの結果からは、少なくとも個人のレベルでは当事者意識や社会貢献への意欲が高まっていること、特に若者の地域社会への愛着はむしろ高まる傾向にあり、向社会的な活動への意欲も高いことがうかがえます。しかしながら、本章の最初に示した表6–1にみられる近所づきあいの減少、図6–1にみられる孤立死の増加は、これらの個人の意欲が必ずしも具体的な行動へと反映されていないことを示唆するものです。とするならば、われわれが取り組むべきは、個人の意欲をいかに具体的な行動へと向かわせるかを考えることでしょう。

ただし、その際に「サポートする側 対 される側」という単純な二分法的枠組みからのアプローチは避けなければなりません。ソーシャル・サポート研究が明らかにしてきたように、確かにサポーティブな対人関係によってストレスの悪影響は緩和されますが、しかしその一方で、サポートを受けるだけの立場にあることで人は心身の健康を損ないがちであることが指摘されているのです[20]。人は、自分は他者からのサポートが不可欠な無力な存在なのだと感じることによって、自尊心を低下させていきます。この自尊心の低下は精神的な健康を損なうだけでなく、人びとのストレスへの耐性を低め身体的な健康にもダメージを与えます。[17] 逆に言えば、自分が他者の役に立つ、社会にとって有用な存在であるという自負は人の自尊心やストレスへの耐性を高めるともいえます。

このように考えるならば、われわれが向かうべき方向は、そのような自負をもった多様な人びとがネットワークで結ばれて組織化され、他者を支え、また他者から支えられる仕組みを作ることでしょう。たとえば、地域への愛着を強くもち、ボランティア活動への意欲も高い若者と、地域で孤立しがちな高齢者とをつなぐ仕組みです。

もちろん、この関係の中で高齢者は支えられるだけの存在ではありません。実際、多くの高齢者は高い社会貢献意欲をもち、また実際に活発に活動しています。『平成26年版高齢者白書』[13]によれば、自主的なグループ活動への参加状況について、60歳以上の高齢者のうち六一・〇％が何らかのグループ活動に参加しています。また、生きがいを感じている高齢者の割合も8割を超えています。そして、このような高齢者の多くが若者との交流の機会をもつことを希望していることも示されています。このような高齢者が若者と交流する場を設けることで、高齢者のより積極的な行動が引き出されることが期待できます。実際、世代間交流についての実験的な検討によって、若者からのポジティブな働きかけが高齢者の利他的な行動を増加させることが示されています。[19]

冒頭に述べたように、日本社会の無縁化が叫ばれて久しくなりました。そのことに目を向けると、人と社会の劣化現象のみがクローズアップされます。しかし、社会の無縁化が進む一方で、個人として社会貢献への意欲を高めている人びとは増加傾向にあります。とするならば、そのような人びとが出会い交流できる場を作ることで、新たな支えあいの仕組みができるでしょう。個人の意欲を組織化する仕組みづくりが何よりも求められているのです。

第7章 無縁社会における高齢者の心理

1 はじめに

無縁社会の定義は様々ですが、この言葉からは、いわゆる地縁、血縁といわれるような、地域社会の人間関係や親戚との密接な交流、あるいは友人との付き合いなどが希薄な社会が連想されます。本章では、こうしたつながりが希薄な社会における高齢者の心理について述べていくことにします。ただし、高齢者の心理には、老化のように、どのような社会状況でも生じるものと、無縁社会に強く影響されるものがあると思われます。この二つの側面は不可分なものですので、一般的な高齢者の心理的な特徴を無視して、無縁社会の高齢者像を理解することは困難なことでしょう。

そこで、本章ではまず、①一般的な高齢者の心理的特徴を「生涯発達」という視点から解説し、次に、②老年期の望ましい生活を考える際の手がかりとして、「サクセスフル・エイジング」と「高齢者の生活の質」について触れたいと思います。このことは、高齢者にとって望ましい生活が、無縁社会からどのような影響を受けるか考える際に役立ちます。高齢者がより良い生活を送ることができる社会は、平凡ではあるものの妥当な目標の一つであり、それを阻害する要因を検討する際にも役に立つと思われます。

以上を前提として、無縁社会における高齢者の心理的な特徴に関して述べることにします。高齢社会の課題は、認知症や寝たきりのような要介護・介護、中高年者の就労、高齢者の運転や事故、犯罪の被害や加害、閉じこもりなど様々ですが、本章では、とくに無縁社会と関連が深いと考えられる高齢者の孤立と孤独に焦点を当てます。そして最後に、高齢者の孤立と孤独にどのような対応が可能かを考察します。

2　高齢者の心理的特徴を理解する視点——心理的加齢と生涯発達

ここでは、高齢者の心理を理解するための視点として、生涯発達と個人差について見ていきましょう。

人が老いることを、老化と呼びます。老化には様々な定義や概念がありますが、一般的には、「成熟以降に認められる衰退」と考えられています。ヒトの一生の形態や機能の変化を単純な図で示すと、成熟期までは成長・発達の時期であり獲得や向上の期間であり、成熟後は老化、すなわち喪失や衰退が顕在化するというものになります（図7-1）。生物学的あるいはヒトの身体的側面に関しては、概ねこのような考え方は妥当なものといえるでしょう。

しかし、ヒトの一生の変化を心身の全体からとらえるとき、成熟を分岐点とした獲得と喪失の二分法は、あまりに単純に過ぎると思われます。そこでバルテス[3]は、人間の獲得と喪失は、生涯に亘ってあり得ることを指摘し、生涯発達という視点の重要性を主張しました。実際に、人間が身体的に成熟する20歳頃に、精神的にも同時に成熟に到達するかというと、はなはだ疑問です。オルポート[1]をはじめとする様々な人格や精神の成熟に関る研究でも、ヒトの精神的成熟は、少なくとも中高年期以降、場合によっては老年期になってはじめて達成

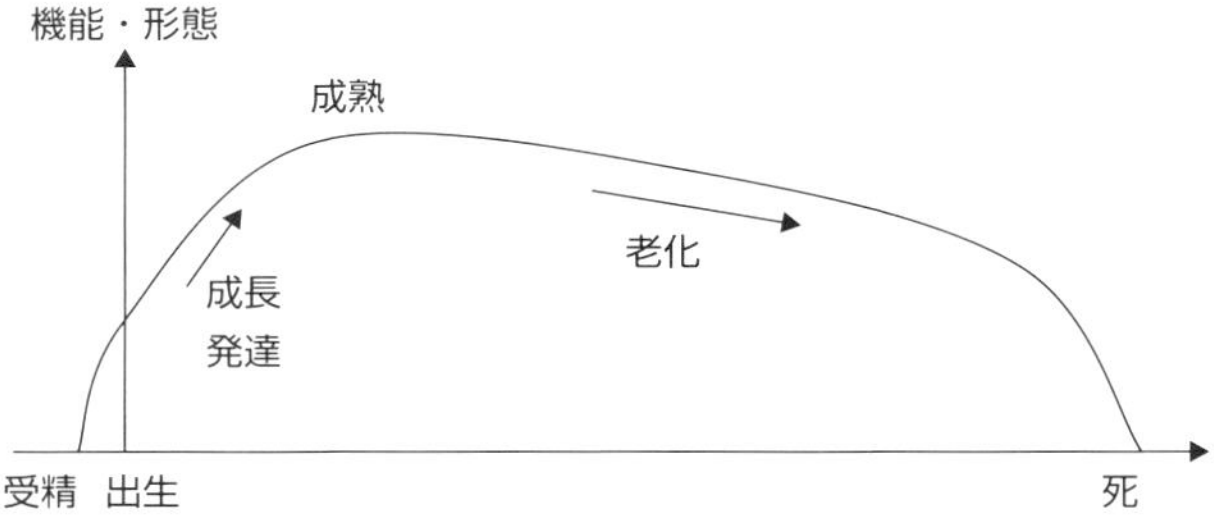

図7-1　成長・発達と老化の模式図

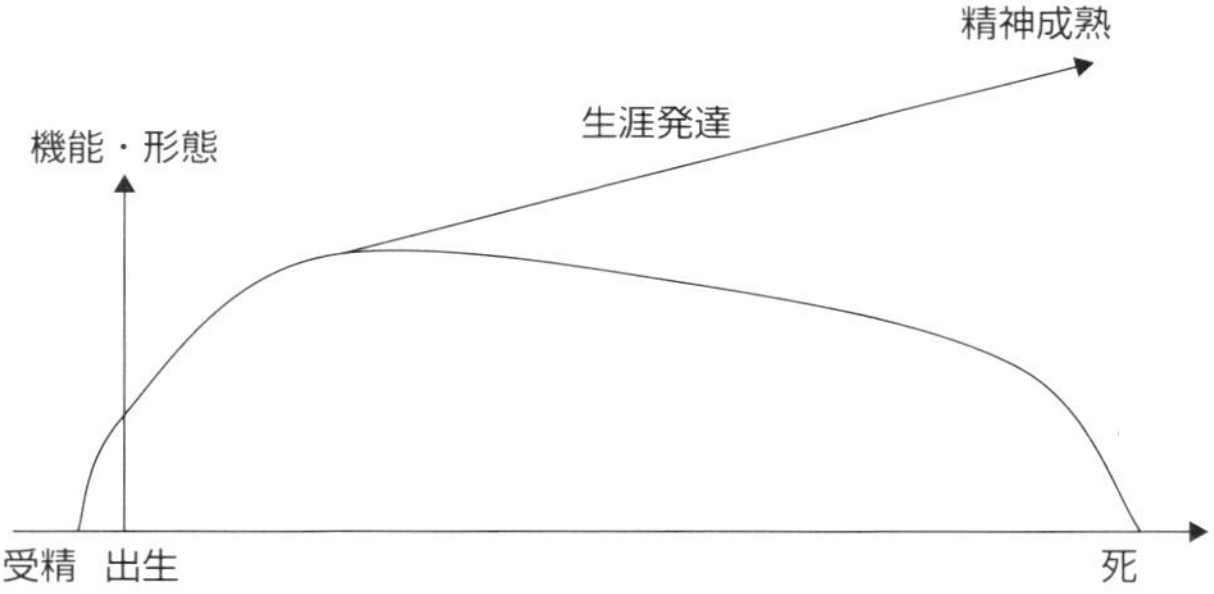

図7-2　精神成熟と生涯発達の模式図

されるのではないかと指摘されています。つまり図7-2に示すように、精神の成熟は人生の終盤にあり、それまでは発達が継続する可能性もあるわけです。これも別の観点からとらえた生涯発達の考え方の一つといえるでしょう。最近では、年を取ることは老化という衰退の過程ではなく、精神的な成熟に向かって年を重ねる過程であるという考え方が、心理学の領域をはじめとして浸透してきています。

ただし心理的機能には、成人期以降、老年期に向けて明らかな衰退が認められる側面があります。たとえば、視覚や聴覚をはじめとする感覚機能の老化は、古くから研究されてきました。高齢者では、遠見視力、近見視力、焦点調節能力、色覚、動態視力、順応などが老化により低下することは明らかです。また、難聴や無嗅覚症の高齢者が多いことも知られています。[15]

記憶や知能の領域においても、注意機能、ワーキングメモリー（短期の記憶の一側面である作業記憶）、検索や想起、エピソード記憶、あるいは動作性知能や流動性能力は加齢によって低下すると報告されています。しかしその一方で、意味記憶や手続き記憶、言語性知能や結晶性知能などは、加齢の影響を受けにくいこともわかってきました。[8][12]高齢者の心理的特徴を理解する場合、加齢によって機能が低下する側面と、機能が低下し難い側面とがあることに留意する必要がありそうです。

このように、年を取ることで生じる変化が喪失や衰退だけであるという認識は、偏っていて誤っていることがおわかりいただけたと思います。バトラー[6]は、高齢者に対する差別をエイジズム（ageism）と呼んで警鐘を鳴らしましたが、誤った知識は歪んだ高齢者像につながるため、エイジズムをもたらす危険があります。心理機能の加齢変化や高齢者の心理的特徴には未だ未解明な点も多くありますが、高齢者の能力を正しく評価し社会に活かすために、また、高齢者が必要としている適切な支援をするために、心理機能の加齢過程の解明とその知見の普及が望まれるところです。その際、老化だけでなく生涯発達の視点を忘れないことは大事だと思います。

個人差

高齢者の心理を理解するうえでのもう一つの重要な点が個人差です。ヒトは、一人ひとり遺伝的背景が異なるため、生まれながらにして個人差があります。また、たとえ遺伝的背景が等しくても――一卵性双生児の例をみればわかりますが――受精後の環境からの影響によって、一人ひとりが互いに異なった個性的な一生を送ることになります。

高齢者の場合は、経験の蓄積により、個人差が拡大すると考えられます。たとえば、生活習慣の違いによって老年期の身体的健康状態が異なることは、今日ではよく知られています。また教育歴、職業歴、家族歴、友人関係や趣味、居住地域など様々な要因が心理的加齢に影響を及ぼすことがわかっています。

バルテスら[4]は、生涯発達心理学の立場から、生涯発達に影響する三つの要因、①標準年齢的影響、②標準歴史的影響、③非標準的影響を提唱しました。

標準年齢的影響は、生物学的な成長に由来する影響や、年齢とともに進む社会化による影響のことです。児童期において最も強い影響をもち、青年期、成人期には影響が小さくなり、老年期に向けて緩やかに再度強くなります。

標準歴史的影響は、歴史や世代に関連する生物学的および環境的な影響のことです。社会的変化や戦争・不況のような社会的動乱、社会階層、家族構成、職業構成の変化、疫病の大流行、育児様式の歴史的変化などで、青年期に最も強い影響がみられます。

これに対して、非標準的影響は、個人特有の生活上で遭遇する様々な出来事や事件のことで、年齢と共に影響力が強まると考えられています。バルテスらの考えに従えば、非標準的影響は、生涯にわたって影響を強め続け、高齢者に大きな個人差をもたらすものといえるでしょう。

目の前にいる高齢者と直接にかかわり、その高齢者の心理を理解しようとするとき、個人差は一層大きな意味をもつことになります。同じ70歳の男性でも、異なった人生を送ってきたAさんとBさんの違いが大きいことは、容易に想像がつくと思います。研究などで示される高齢者関連のデータというものは、多くの場合、平均化され抽象化されたものです。他の年齢と比較するときなどは、平均的な高齢者像が役に立ちますが、一人の高齢者を理解する際には、平均化された高齢者像が、かえって支障となることすらありえるのです。あなたが高齢者とかかわるときに、その人が白内障であるか、難聴であるか、どの程度の記憶力や理解力をもっているかは重要なことですが、それが一見しただけでわかるとは限りません。

このような、個人と個人との間に認められる個人差を、「個人間差」と呼びます。これに対して、個人の中において認められる差を「個人内差」と呼びます。老化や加齢、生涯発達の状態は人によって異なっていて、足腰は丈夫だけど難聴が進んでいる場合や、白内障で目が見え難くなっているけれど聴力は衰えていないという人もいます。老化や加齢、発達の速度は、相互に関連し補完しつつも、均一では無いことを忘れるべきではないでしょう。

以上を要約して、高齢者の心理機能の特徴を理解する際には、

・老化により機能が衰退する側面と加齢により衰え難い面や、生涯にわたり発達を続ける側面があること
・他の年齢と比較した際の高齢者の平均的な心理的特徴を正しく理解することは必要ですが、一人ひとりの高齢者と直接かかわるような場合には、個人差に留意することが重要であること

を指摘しておきたいと思います。

3　サクセスフル・エイジングと生活の質——老年期の望ましい生活

今後訪れる高齢社会・無縁社会においては、望ましい老年期の生活と、それに支える要因や阻害する要因を明らかにして、支援方法を検討し実現する必要があります。この節では、サクセスフル・エイジング（successful aging）と高齢者の生活の質という観点から老年期の望ましい生活に関して述べていきます。

サクセスフル・エイジング

加齢によって生じる変化は、単に老化だけでなく、生涯発達としてとらえられる現象もあることは先述した通りです。すなわち、年を取ることは衰退や喪失だけでなく、向上や獲得ももたらすことがあるのです。ロウとカーン[17]は、加齢（エイジング〈aging〉）が病気になり心身の機能を喪失する過程だけでなく、高齢者が健康を維持し活動的な老年期を送ることが可能であるという立場から、次のようなサクセスフル・エイジングの条件を提唱しました。

（1）老人病の予防* (Avoiding disease)
（2）高い生活機能の維持* (Maintaining highcognition and physical function)
（3）社会参画* (Engagement with life)

予防により疾病が回避され、認知症や寝たきりにならず高い生活機能が維持され、社会参画をしている状態で生活している状態を、サクセスフル・エイジングとしました。バルテスら[5]は、それまでの研究を概観して、次のようなサクセスフル・エイジングに関連する要因を示しています。

＊　日本語訳は柴田（2007）による。

- 寿命
- 身体的健康
- 精神的健康
- 認知的能力
- 社会的能力と生産性
- パーソナル・コントロール
- 生活満足感

すなわち、一定以上寿命が長く、身体的、精神的に健康であり、認知能力が維持されており、社会的活動能力を保有しており、自分自身の行動の統制ができ、人生に満足していることなどが、サクセスフル・エイジングの達成とかかわっていると考えられます。

生活の質

生活の質の維持・向上も、高齢者の望ましい生活と密接に関連するものです。ロウトン[10]は、高齢者の幸せな人生（good life）と関連する四つの領域として、客観的環境、行動能力・機能的健康、知覚された生活の質、主観的幸福感・満足感を提唱しています。彼の主張によると、高齢者が良い生活を送るためには、家族状況や親戚・友人・知人との関係や経済状態などの人的・社会的環境、居住環境、都市工学的な地域環境など、高齢者を取り囲む様々な生活環境が良好であること、日常生活動作や社会的活動を行うための行動能力が高く維持されており、機能的健康、すなわち、日常生活機能が自立し健全であるかということ、主観的健康観が良好で自分自身の生活の質が高いと知覚していること、そして幸福感や満足感をもっていることが重要であるとされています。

無縁社会が社会関係や人間関係の乏しい社会であるとすると、それはサクセスフル・エイジングにも高齢者の生活の質にも大きな危険要因となりそうです。加えて社会関係は、社会的なネットワークや社会的なサポートという視点からとらえる場合、心身の健康や幸福感、満足感にも関連することがわかってきました[20]。社会関係は健康の悪化を予防する一方、社会関係の乏しさそのものもストレスになってしまうようなのです。社会関係が豊な人は豊富な社会的援助を受けることができ、健康に支障を起こすような問題の懸念が少なくなるため、積極的で安定した自己を維持することができます（直接効果）。また、社会関係を通して得られる情報によって病気の予防に自ら取り組み、社会のなかで自分の役割をみつけて、自己評価を高め、不安や絶望を回避するというような効果（間接効果）も指摘されています。

このように、サクセスフル・エイジングや生活の質という観点から高齢者の心理を考える場合、社会関係の縮小や欠如が大きな課題になると考えられます。心身の健康や幸福感・満足感の維持向上のためにも、高齢者の社会的な孤立を防止する対策が望まれるところです。

4　高齢者の孤立と孤独

１９８０年代に、筆者らは老人ホームに入居している高齢者の孤立と孤独に関して調査を行いました。当時は、老人ホームに対しては「姥捨て山」というような否定的なイメージがあり、入居者は家族や社会から隔絶されて生活しており、孤立していて孤独だとの認識がそれほど珍しいものではありませんでした。１９８０年代は現在と比べて老人ホームの入居者は、特別養護老人ホームでも比較的自立度が高く認知症の症状も認められない面接調査が可能な人も多かったので、私たちは回答可能な人を対象として孤立と孤独を調査しました。入居者には、「自分が孤立しているか」という孤立の自己認知と寂しいと感じているかという孤独感を、職員に対しては「当該の入居者の行事への参加や社会的交流」について質問しました。

この調査において現在にも残る印象的な結果は、寂しいと孤独を感じている入居高齢者が4割弱と、必ずしも多くなかったこと、そして、孤立に対する自己認知と職員の評価による孤立の状況と孤独感とは、必ずしも一致していなかったことです。[13][14] すなわち、老人ホームに入居していても、孤立や孤独を感じていない高齢者がおり、自分は孤立しているが孤独は感じていないという人、さらに、客観的には孤立している状態にもかかわらず当人は孤立していないと認知している人がいたのでした。このことは、孤立と孤独との組み合わせによるタイプ分類として後述することにします。

老人ホームの入居者は、確かに家族から離れて暮らしていて、なかには面会者がほとんどいないし、施設内での入居者同士の交流も少なく、職員とのわずかなかかわりだけで生活している人もいました。しかし、家族が毎日のように面会に来て、施設の提供する活動や行事に積極的に参加し、入居者同士や職員との交流も盛んだという人もいました。この調査終了後、いくらかたってから考えたことですが、老人ホーム入居者は、少なくとも職員からの働きかけがある、という意味では、地域で一人暮らしをしていて、誰とも交流の無い人より、一定の人間関係が保持されている可能性があると思われました。一方、家族が毎日のように面会に来たとしても、家族と同居していない、ということによる寂しさをもつ人もいるかも知れません。

老人ホーム入居者に限らず、高齢者は、しばしば孤独であるととらえられがちです。高齢になると、配偶者や友人との死別を経験し、こうしたことが社会関係の縮小や孤立化を招き、それが孤独感をもたらす、というような図式的な理解です。しかし、高齢になることによって、社会関係が縮小することは必然ではないでしょうし、社会関係は広ければ良いというわけではありません。社会関係の縮小が人間関係の質を保つ可能性も指摘されています（社会情動的選択性理論）[7]。また、人里離れた山中の一軒家で、孤高を保つことを楽しむ高齢者が紹介されたこともあります。このような人は、自分が望んで社会から隔絶し孤立して生活することを望んでいるのかもしれません。また、先の老人ホームでの調査結果にみられるように、孤立していると自己認知している人が必ずしも孤独感をもつともいえないのです。高齢者が孤独であるという単純な認識は正しいとはいえないでしょう。

高齢者の孤独について語る際に、一人暮らしの増加が強調されることがあります。一人暮らしで、数週間、誰とも会話を交わすことが無い、という人も少なからずいる、という実態は無縁社会の大きな問題といえるでしょう。しかし、一人暮らしという統計資料は、通常、65歳以上の単身世帯数です。したがって、一人暮らし高齢者の中には、子どもと二世帯住宅や敷地の母屋と離れに住んでいて、世帯は分けているが、常に食事は一緒にしている、などという例も多いと思われます。実際には、家族関係や親子関係は複雑であり、同居していても険悪な場合もあります。大家族で生活をしていて、外からは孤立していないように見える人が、家族の中では疎外され、食卓を家族と一緒に囲むこともなく、何年も口をきいたことが無い、という事例もありえます。

「スープの冷めない距離」という言葉があります。これは、独立した子どもと親とが同居するより、ある程度の距離をもち、つかず離れずの関係のほうが良い、という意味の言葉です。このように、少し離れていることにより、むしろ良好な親子関係が保たれている場合もあるでしょう。ちなみに川崎ら[9]は、「スープのさめない距離」という言葉は、日本でも良く知られており、実際に味噌汁が冷めるまでの時間を測定した結果の30分、２１３０メートルに対して、５分、２８９・４メートルぐらいであろうと短く想像する人が多いことを報告しています。実測値と一般の人の想像による評価は異なるものの、これらの時間や距離は、ソーシャル・ネットワークやソーシャル・サポートを考える際に有用な情報となるかもしれません。

5　孤独の定義と孤独感の尺度

孤独には様々な概念や定義がありますが、ペプロウとパールマン(16)は、孤独の研究を展望して、多くの孤独の定義に共通する視点として、

・個人の社会的関係の欠如に起因
・主観的体験
・不快で苦痛を伴う体験

をあげています。ここで重要なのは、孤独が、孤立のような社会的関係の欠如と密接な関係をもつこと、そして多くの場合には逃れたいという動機を生じさせるような不快で苦痛な体験であることです。孤独は寂しさを中心とした感情ですが、筆者らが１９８０年代の調査で用いたような「あなたは寂しいですか」という質問では、孤独の複雑な面をとらえることは困難です。

しかし個人の孤独の程度を調べ、孤独に関連する要因を解明できれば、対応策も立てられるはずです。ラッセルら(18)は、孤独感を評価するための心理尺度として４件法20問からなるＵＣＬＡ孤独感尺度を開発しました（日本語版も作成されています）。落合(11)は、人間同士の理解・共感の可能性についての感じ方の次元（対他的次元）と、人間の個別性の自覚についての次元（対自的次元）の２次元からなる５件法16問のＬＳＯを作成しています。これらをもとにして、安藤ら(2)は、主に高齢者の孤独感を測定するための尺度としてＡＯＫ孤独感尺度を作成しました（**表7-1**）。ＵＣＬＡ孤独感尺度には４問の短縮版も作成されていますが、この尺度は10問と質問数が少

表 7-1　AOK 孤独感尺度（10 問版）

あなたの現在の気持についてうかがいます。あてはまる回答の番号に○をつけてください。

1. あなたはまわりの人たちとうまくいっていると思いますか
1　そう思う　　<u>2　そうは思わない</u>

2. あなたは人とのつきあいがない方ですか
<u>1　ない方だ</u>　　2　ある方だ

3. あなたに親しくしている人がいますか
1　いる　　<u>2　いない</u>

4. あなたのことを本当によくわかっている人は誰もいないと思いますか
<u>1　いないと思う</u>　　2　いると思う

5. あなたには何かやろうとした時、一緒にできる人がいますか
1　いる　　<u>2　いない</u>

6. あなたはほかの人たちから孤立しているように思いますか
<u>1　そう思う</u>　　2　そうは思わない

7. あなたのことを本当に理解してくれる人がいますか
1　いる　　<u>2　いない</u>

8. あなたはひとりぼっちだと感じますか
<u>1　感じる</u>　　2　感じない

9. あなたのまわりには心の通いあう人がいますか
1　いる　　<u>2　いない</u>

10. あなたには話し相手がいますか
1　いる　　<u>2　いない</u>

注：いずれの質問項目についても下線の選択肢を選ぶと 1 点が与えられ、10 項目の単純加算によって合計得点が算出される。高得点ほど孤独感が強い。

なく、また、高齢者でも容易に回答できることを考慮して２件法を用いています。この尺度を用いた40歳から79歳までを対象とした調査結果では、40歳から49歳の３５４人の平均得点は一・〇八（±一・八八）、50歳から59歳の３３１人の平均得点は一・〇九（±一・八五）、60歳から69歳の３２１人の平均得点は一・四六（±二・二七）、70歳から79歳の２７０人の平均得点は一・五八（±二・三六）と、低得点に偏った分布でしたが、尺度は単一次元であり、信頼性、併存的妥当性が高いことが確認されています。また、ＡＯＫ孤独感尺度に影響する要因として、男性であること、学歴が低いこと、健康度自己評価（主観的な健康感）が低いこと、配偶者がいないこと、友人知人からの手段的サポートが乏しいことが示唆されています。

6　孤立と孤独を基にした類型の試み

これまでに述べたように、社会的孤立と孤独には密接なつながりがありますが、一方で、客観的に評価された孤立の状態（客観的孤立）と本人による主観的な孤立の認知（孤立自己認知）および孤独は、完全に一致しているとはいえません。これら三つの側面を組み合わせると論理的には次のような八つの類型が考えられます。なお孤独は、前節で定義したとおり主観的で否定的な感情体験とし、客観的にはとらえられないものとします。

・客観的孤立：有　孤立自己認知：有　孤独：有
・客観的孤立：有　孤立自己認知：有　孤独：無
・客観的孤立：有　孤立自己認知：無　孤独：有
・客観的孤立：有　孤立自己認知：無　孤独：無
・客観的孤立：無　孤立自己認知：有　孤独：有

・客観的孤立：無　　孤立自己認知：有　　孤独：無
・客観的孤立：無　　孤立自己認知：無　　孤独：有
・客観的孤立：無　　孤立自己認知：無　　孤独：無

以上は、あくまで論理的な組み合わせであるため、実際には想定が困難な類型もあるでしょう。しかし、客観的な孤立状態に有る場合にも、孤独になる人とならない人がいて、それが自分の孤立の状況をどのように認知するかによって影響されることが、理解しやすくなると思います。筆者の考えるそれぞれの類型の特徴を次に述べますが、これらはあくまで例示であり、様々な高齢者の生活状況と孤独との関連を考えるさいの糸口にしていただきたいと思います。

・客観的孤立：有　　孤立自己認知：有　　孤独：有

社会的に孤立しており、社会的なネットワークや社会的なサポートも乏しく、本人も自分が孤立していると認知しており、孤独を感じている人です。このタイプの人は、孤独に苦しんでいるでしょうし、孤立から抜け出し、孤独から逃れたいとも思っているはずです。ただ、その手段を自分自身では見つけられずにいるかもしれません。

・客観的孤立：有　　孤立自己認知：有　　孤独：無

人間関係も乏しく、人づき合いも無く、本人もそのことを自覚していますが、孤独ではない人です。健康や経済に問題が無く、本人に趣味や生きがいがあり、それを実践してこのような生き方を自ら選択し楽しんでいるとすれば、孤高の人生と形容されるかもしれません。家族や親戚、友人などに心配されず、迷惑をかけることもなければ，老年期の生き方の一つといえるでしょう。このような人には無縁社会の影響は大きくないかもしれません。ただ，健康を損なって，自立した生活が困難になった場合，あるいは，家族と同居していながら，家族との交流を拒否して孤立しているような特殊な場合，さらには孤独という感情を抑制しているような場合には問題となることもありそうです。

・客観的孤立：有　孤立自己認知：無　孤独：有

自分自身が孤立しているという認知をもっていないものの，孤独を感じている人です。客観的に孤立していることに気づいていても，その事実を否定しているか，あるいは本人に，その自覚が無いか，または防衛機制などにより孤立していることを認知しないようにしているなど，様々な背景が考えられます。たとえば一人暮らしで他者との交流も乏しく寂しさを感じているものの，本人は，社会的交流をしていると思っている人もいるかもしれません。

・客観的孤立：有　孤立自己認知：無　孤独：無

社会的に孤立していても，本人はその認知も無く孤独でもないということは，孤独に関しては問題無いようにみえます。社会的孤立状況が，他者に心配や迷惑を掛けないものであれば，孤高を楽しむ生活の一つのタイプとして，社会的交流の有無などは気にしないで，自分自身の価値観や人生観に沿った生活を維持している人がいるかもしれません。しかし，近年話題になることもある「ゴミ屋敷」の住人のように，近隣と隔絶しており，本人はそのことを何とも思っていないものの，周囲には大きな迷惑となっているような場合には，対処の難しい問題となるかもしれません。

・客観的孤立：無　孤立自己認知：有　孤独：有

無縁社会というと、客観的な孤立の危険性の高い社会を連想しますが、客観的な孤立の評価の視点の置き方によっては、このタイプのような問題もありえるでしょう。たとえば、「呼び寄せ高齢者」などといわれるように、配偶者を亡くし、一人暮らしになったことを心配した息子夫婦と同居するために、長年生活をしてきた地域から遠く離れたところで住むようになった母親を想像してみると、わかりやすいと思います。たとえば、息子夫婦には2人の子供がおり、母親を加えて5人家族であり、いわゆる社会的孤立状態ではありません。しかし、共稼ぎの息子夫婦と子どもたち（学生）は、平日はおろか、土曜、日曜も昼間は家にほとんどおらず、夜も遅く帰ってきすぐ自室に入ってしまい、母（子どもたちには祖母）との交流はありません。近所の地域センターの活動や買い物も、方言や文化の違いが気になって参加することがためらわれます。趣味の園芸も場所が無いためできず、日中は一人きりで、ぼんやり楽しくもないテレビを眺めているだけです。このような人が、典型的な例といえるでしょう。長年住み慣れた家や近所が懐かしく、思い出すたびに寂しさがつのるという状況が容易に想像できます。

・客観的孤立：無　孤立自己認知：有　孤独：無

前述の例で、もしも自分なりに、他者との交流や社会活動ではない、個人的な趣味に没頭できれば、孤独は感じないで済むかもしれません。しかし、生活の質や幸福感、満足感などが高いという保証はありません。

・客観的孤立：無　孤立自己認知：無　孤独：有

孤立は孤独と密接な関連があるとはいえ、孤独に対して孤立は必要条件であっても十分条件ではない可能性があります。実存的な意味での孤独などは、必ずしも社会関係を前提とはしていません。家族や親しい人に囲まれていても、自分自身の人生を振り返ったり、死を思ったりするとき、強い孤独を体験する人はいるはずです。こうした孤独を人格的成長の糧とする人がいるかもしれませんが、病理的な孤独に悩む人には精神医療などのケアが必要になるかもしれません。

・客観的孤立：無　孤立自己認知：無　孤独：無

社会関係、人間関係および孤独に関しては、とくに問題がなく望ましいタイプの人といえるでしょう。

7　高齢者の孤立と孤独への対応

本章の最後に、高齢者の孤立と孤独への対応に関して考えてみます。先ず、客観的孤立への対応としては、高齢者が孤立しないための仕組みが考えられるでしょう。これには様々なアプローチがあり、たとえば、見守りネットワーク、地域活動における世代間交流、傾聴活動、ソーシャル・キャピタルの創生など、すでに実践されているものもたくさんあります。こうした活動の成功の秘訣は数多く蓄積されていると思われますが、筆者の経験からは、本人が望み、本人の状況に合った、無理の無い、満足の得られる活動で、活動プログラムは自然で自発的なものが効果的であるようです。

主観的な孤立に関して最も重要な場合は、客観的には孤立していないと思われている人が、強い孤立認知をもっているような事例でしょう。先述した「呼び寄せ高齢者」のような場合や、同居している家族から疎外されている高齢者などがこれに当たります。家族内の問題に対して外部から支援をすることは困難です。加えて、表面的には問題の無い家族関係であったり、家族内の問題が隠ぺいされたりしている場合には、問題が生じていることを把握することすら容易ではありません。客観的孤立から孤立自己認知、そして孤独という因果的な方向から孤独をとらえるのではなく、先ず、孤独を感じ悩んでいる人をキャッチするネットワークを作り、そこからその人が認知している自分の状況、そして客観的な状況へと理解や支援を進めるという方向での対応を考えるのがよいと思います。

実存的孤独のように、生きていることそのものに根差す孤独は、死に対する不安や怖れと密接に関連している可能性があります。人との意味のあるつながりの欠如や健康は、このような孤独に影響をもつ重要な要因でしょう。無縁社会における社会関係・人間関係の再構築とともに、高齢者の心身の健康の維持増進も社会的対策として不可欠なことといえます。

8　おわりに

本章では、高齢者の心理を理解する際の視点やサクセスフル・エイジング、高齢者の生活の質に関して紹介し、無縁社会における高齢者の心理という課題に沿って、高齢者の孤立と孤独に関して述べてきました。老年心理学の立場では、人生を如何に自分らしく生きるかということが幸福感や満足感と結びついていることがサクセスフル・エイジングの中核だと考えられます。これを支える条件は、健康と経済と家族関係や社会活動を含む社会関係・人間関係であり、これらの要因は、相互に密接な関連をもっています。無縁社会は社会関係・人間関係という大きな要因に様々な影響を及ぼすものです。無縁社会解消の処方は一朝一夕に得られるほど容易なものではないでしょうが、少なくとも高齢者が無縁社会から受ける悪影響を最小限にするために、様々な領域が協力しあって早急に取り組むことが望まれています。

推薦図書

柴田博・長田久雄・杉澤秀博編『老年学要論――老いを理解する』建帛社、２００７年

本書は、医学、心理学、社会学を中心とする学際的老年学の基本的な立場や理論・学説および基礎から応用に至る研究を紹介した本です。高齢者の身体・心理・社会的特徴や加齢・老化に関して理解する際に役立つと考えられます。

第8章 無縁社会における高齢者の孤独死

1 はじめに

孤独死という言葉が世に知られるきっかけとなったのは１９９５年の阪神・淡路大震災です。家を失くして仮設住宅での生活を余儀なくされた男性が自室で亡くなり、誰にも気づかれずに何日も遺体が放置されていたことが報道され、震災の悲劇的なエピソードの一つとして、まず注目されたのです。ところがやがて、被災地以外でも孤独死が起きていることが明らかになりました。住み慣れた日常生活の場所が舞台となるほど、孤独死は身近なものとなっていたのです。

そのうち、孤独死の犠牲者の多くが、近所づき合いの少ない一人暮らしの高齢者であることがわかってきました。このことから、孤独死は、地縁や血縁が不確かとなった現代日本すなわち「無縁社会」の象徴と考えられるようになったわけです。

本章では、無縁社会における孤独死の問題を様々な角度から検討します。まず、孤独死の定義や国内外の現状について概覧し、つづいて、孤独死をもたらす個人の特徴や背景要因環境の特徴について述べることにします。そのうえで最後に、孤独死を防ぐためにどのような対策が有効かを論じてみたいと思います。国民の4分の1が65歳以上となった日本は、無縁社会であると同時に高齢社会でもあり、両者は分かちがたく結びついて孤独死の問題を形成しています。社会の高齢化は、もちろん我が国の医療水準や安全性の高さを示す成果ですが、一方では孤独死という私たちの生活に不安の影を落とす副産物をもたらすことにもなりました。額田[35]は、阪神・淡路大震災で起きた孤独死を「21世紀に老いを迎える人たちの平均的な未来像」であったと述べています。その未来像をすでに手にした現在から、孤独死について改めて考えてみましょう。

2 孤独死とは

孤独死の定義

辞書によれば、孤独死とは「だれにもみとられずに、死亡すること。特に、一人暮らしの高齢者が自室内で死亡し、死後しばらくしてから遺体が発見されるような場合[25]」のことをいいます。この定義は、高齢者の孤独死の問題を論じるうえでは妥当ですが、特定の年齢層に対象を絞ってしまうと、孤独死予防の支援対象とすべき人を限定することになりかねないので注意が必要です。これに対して、無縁社会を象徴する死すなわち無縁死は、「ひとり孤独に亡くなり引き取り手もない死」と定義されています[31]。両者を比べると、無縁死の定義は孤独死のそれよりも少し広いようです。小辻・小林[20]のように、孤独死を無縁死の中核的な概念とみなせば、前者を後者が包括していることになるでしょう。

上田他は、様々な文献を調べた結果、孤独死が主に、①自宅内での死亡、②看取りなし、③一人暮らし、④

社会的孤立、⑤自殺の有無、から定義されていたと指摘しています。[19] そのうえで、異状死（刑事法規上、孤独死が該当します）を判定する監察医務院の報告では一人暮らし以外の事例も孤独死に含めていること、また、自殺統計は十分確立された独自データなので孤独死とは区別すべきであること、を理由に条件③と条件⑤を除外し、孤独死を「社会との交流が少なく孤立し、誰にも看取られず自宅敷地内で死亡し、死後発見される場合」と定義しています。

孤独死の発生数

筆者はかつて、全国の自治体を対象として、孤独死の発生状況に関する郵送調査を行ったことがあります。[13] この結果、２００７年時点での孤独死の発生率は、人口10万人あたり10人、孤独死者数は約１万３千件とそれぞれ見積もられました。この値は、東京23区内での発生率をもとに「死後４日以上経過して発見された人」を推計した全国で約１万６千人とする見解[33]、あるいは山形県での発生率から推計した10万人あたり毎年14人とする見解[38]と一致するものです。しかしながら、毎日新聞（２０１２）の調べ[24]によると、孤独死（孤立死）の発生に関して実際に統計を取っているのは、全国47都道府県のうち３県のみにとどまっていました。孤独死に適切に対応するうえでは、孤独死の発生率や発生数などの基礎的な情報を得る必要があります。しかし、孤独死の定義が不十分なことから、このような作業も難航しているのが現状です。

なお、前記の筆者の調査では、小規模な市町村ほど孤独死の実態把握に取り組んでいる傾向が明らかとなりました。たとえば、孤独死の発生状況に関する調査の実施率は、人口10万人以上の自治体では約七％にとどまっていましたが、人口１万人未満の自治体では倍の一四％でした。孤独死者を特定するうえでは、自宅外での事故や行き倒れと自宅敷地内での死亡との区別や、自殺者の除外など、死亡状況の検証が必要です。筆者の調査結果は、このような詳細な情報の収集が、小規模な地域単位で行われやすいことを示唆する知見といえるでしょう。

海外の孤独死事情

孤独死は日本だけで起こっているわけではありません。たとえば、１９９９年にフランス・パリのアパートで一人暮らしの高齢女性が亡くなり、１ヵ月後に遺体で発見されています[39]。同じ階の住民はこの女性の姿を一度も見かけたことがなかったそうで、日本の孤独死とよく似た状況でした。また、２００３年にヨーロッパで記録的な猛暑が続いたときも、一人暮らしのフランス人高齢者が水分不足と熱中症で多数死亡しています[1]。普段はさほど気温が上がらず、冷房を設置する習慣のない地域であったことが、このような孤独死の原因となりました。

イギリス・ロンドンのアパートでも、２００６年に一人暮らしの女性の遺体が発見されました[5]。隣人が異臭に気づき、遺体が発見されたとき、部屋の中はテレビや暖房がついたままだったそうです。亡くなってから3年ほども経過していたことに加えて、死亡推定年齢が38歳と若年であったことが話題となり、のちに彼女の生涯を追うドキュメンタリーフィルムも制作されています。

このように、孤独死は決して日本に固有の問題ではありません。ただし、日本における孤独死の問題は、kodokushi (lonely death) のようにローマ字併記で報道されることが少なからずあり[11][11]、このことは、海外では、孤独死が我が国ほど一般的でないことを示唆しています。しかし一方で、急速に高齢化が進んでいる韓国では、日本の無縁死や孤独死の問題を「明日は我が身」とみなす論調もみられます[7]。高齢化の最前線にある日本は、諸外国に先んじて孤独死対策で成果をあげることが求められているといえるでしょう。

3　孤独死する人の特徴

孤独死しやすい人の特徴というものはあるのでしょうか。東京都監察医務院のデータ[18]から、２０１２年に東京23区で自宅内異状死した人の内訳を属性別に示しました（**図8−1**）。一見して、同居者のある若年男性、一人暮らしの若年女性、同居者のある高齢女性の3群で孤独死が少ないことがわかります。逆に言えば、一人暮らし、加齢、男性、の3属性が孤独死リスクを高めているといえるでしょう。これらの各要因について、以下で順に検討していきます。

一人暮らし

我が国の一人暮らし者は増加傾向にあり、２０１０年度国勢調査によれば、全世帯数の約3割が単独世帯で、さらにその3割が高齢者の単独世帯です[42]。自宅で急な事故や病気により倒れたとき、同居人がいないと助かる確率は低くなります。また、死後長い間気づかれることなく放置される事態も起きやすいでしょう。このためか、孤独死を身近な問題と感じている一人暮らし高齢者は、同居者がいる人の2倍にのぼるそうです[27]。

ところが5ヵ国間の国際比較調査によると、一人暮らし高齢者の割合は、アメリカや韓国などと比べて日本が最も少ないことが示されています[26]。つまり、一人暮らし者の孤立自体は、我が国に顕著なことではないのです。ただし、同じ調査でわかったことですが、日本は他の国よりも近所付き合いがない方や病気のときでも頼る人がいない方が多いようです。他方、矢部[52]によれば、アメリカは「一人で生きることを前提にした社会」であり、それゆえ一人暮らしの不安や問題点を熟知し、社会全体で独居者の孤立や孤独死を防ぐ支援活動が活発

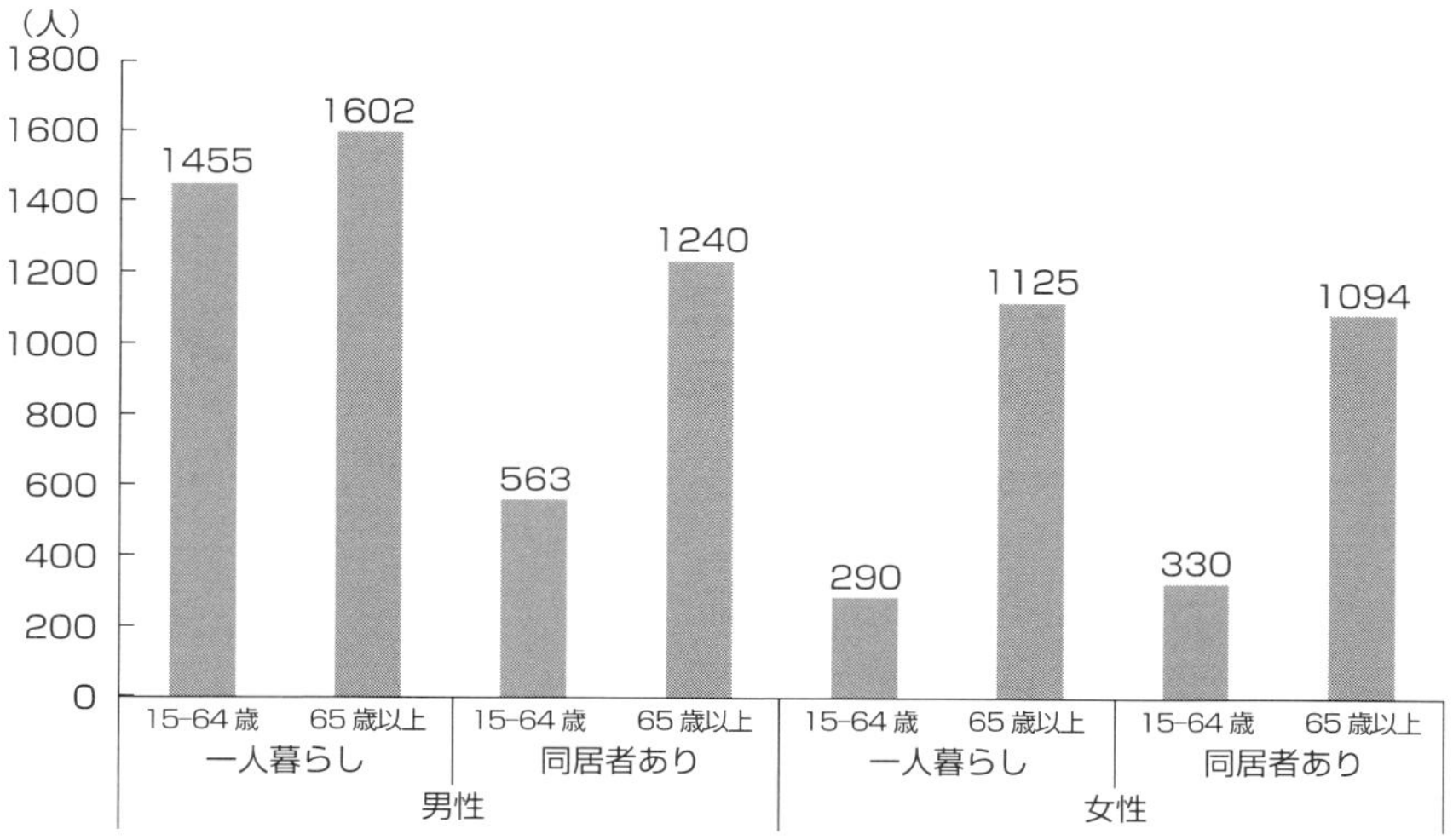

図8-1　2012年に東京23区で自宅内異状死した人の内訳[48]

に行われているそうです。だとすれば、一人暮らしと社会的孤立が直結していることこそが日本の孤独死の要因であるといえるかもしれません。

加齢

高齢の孤独死者が多い理由を考える際には、一人暮らし者の多くが高齢者であるという点を忘れてはいけません。つまり、孤独死リスクが高い一人暮らし者のなかに高齢者が多ければ、結果的に高齢者の孤独死も多くなる可能性があります。しかし一方で、高齢者に固有の孤独死要因もあるでしょう。たとえば、年をとると身体能力や認知機能が衰えるので、家事をこなすのが億劫になったり、病院に行くのが面倒になったりします。[18] また、高齢者は若年者よりもストレスや悩みを口に出さなくなるようです。[3] このような高齢者の怠惰や遠慮深さが、孤立や孤独死のきっかけとなるのです。[36] 実際、高齢者は若い世代よりも閉じこもりがちで、住宅内で事故に遭う割合が高くなることが指摘されています。[27] 高橋・塩崎・堀田（2005）の調査によると、[11] 阪神・淡路大震災後に被災者が移住した復興住宅では、高層階ほど孤独死が発生しやすかったそうです。このような外出しづらい住環境が高齢者の孤独死リスクを高めることもあると思われます。現在４８０万人の一人暮らし高齢者は２０３５年には７６０万人にまで増えると予想されています[19]。高齢者の心身の特性に配慮した孤独死対策が求められる所以です。

男　性

かつて『おひとりさまの老後』というベストセラーを出した上野は[50]、経済的、精神的、生活的、という「自立の3点セット」のうち、男性（夫）は精神面と生活面で女性（妻）への依存が強いこと、このため、男やもめは「おひとりさま耐性」が低いことを指摘しています。確かに、配偶者を亡くした夫は抑うつ状態になりやすく、これは妻からの心理的サポートが失われること、食事や喫煙・飲酒などの生活習慣が悪化しやすいこと、妻任せだった家事の負担が増えること、妻同伴で行ってきた社会的交流が減少することなどに起因するといわれています[23]。男性が女性よりも社会関係を維持・構築していくことが不得手であることはよく知られています[9]。この傾向が、社会的な学習の結果であるのか、生物学的な根拠があるのかは議論の分かれるところです。しかしながら、近所の人とかかわりをもたない、料理ができない、過度の飲酒をやめない、ゴミ出しができない、といった「孤独死予備軍のないないづくし[30]」が、上野のいう[50]「男おひとりさま」に当てはまりやすいことは確かなように思われます。

4　孤独死はどんな場合に起こるのか

ここでは、孤独死が起こる背景として、災害、都市化、過疎化、の三つの環境要因を取り上げます。それぞれが高齢化と並ぶ近年の我が国を象徴する状況であり、固有の孤独死要因となっています。

災害

阪神・淡路大震災では、被害の中心となった兵庫県内だけで５４８３人が圧死や焼死などの「直接死」により亡くなりました[11]。しかし被害はそれにとどまらず、その後も仮設住宅において疲労や精神的ショックなどで体調を崩したことによる「間接死」が起こりました。間接死９１９件のうち２３３件については孤独死（自殺の20人を含む）であったと考えられています[4]。内藤の調査[28]によると、仮設住宅の居住者には一人暮らし者、高齢者、低収入者が多かったそうです。つまり、仮設住宅の住民は、孤独死リスクの高い「階層化」された集団だったというわけです。

仮設住宅を出た被災者用に建設された復興支援住宅でも、現在まで７７８名の孤独死が確認されています[21]。ここでの孤独死者も60歳以上が9割を占めており、やはり高齢者の孤独死リスクが高いことが示唆されています。高橋ら[14]は、復興住宅における孤独死の特徴として、仮設住宅よりも孤独死として発見されるまでの日数が長いことを挙げています。密室性が高い復興住宅は、仮設住宅と比べてプライバシーが守られる反面、孤独死のリスクも高くなる可能性を示唆する知見といえるでしょう。

２０１１年の東日本大震災でも、岩手、宮城、福島３県の仮設住宅における孤独死者数がすでに少なくとも

81人にのぼることが報告されています。[17] 阪神・淡路大震災の教訓を生かした復興支援対策の構築が求められています。

都市化

都市部でコミュニティの弱体化や人々の孤立が生じやすいことは、かねてアーバニズム[51]（urbanism）の観点から指摘されています。20世紀の日本では、急激な経済成長に伴う生活地域の都市化が進み、農山漁村地域から都市地域に若者を中心とした人口移動が起きました。[2][17] 当時の国の発展を支えたこの世代が高齢者となり、都市部での孤独死の中核群となっています。以下にその例を挙げましょう。

千葉県松戸市の常盤平団地は、都市部の孤独死問題を論じる際に、しばしばメディアで取り上げられてきました。高度経済成長期の東京に労働力を提供することを目的に建造され、一時期は1万7千人が入居していたこの団地は、２０１２年現在、入居者が７２４７人まで減少し、四一・二％という高い高齢化率の地域となりました。[30] この団地ではじめに孤独死が確認されたのは、一人暮らしの高齢男性が白骨死体で発見された２００１年のことです。[29] 死後3年が経っていましたが家賃や光熱費が自動で引き落とされていたため、預金が底をつくまで気づかれなかったのです。家族や親戚との縁を断ち、近所の人とあいさつをすることなく、毎日お酒を飲むのが日常という典型的な「孤独死予備軍」だったようです。

筆者は、この団地で孤独死が疑われ、自治会に通報があった65事例の記録を分析したことがあります。[12] その結果、別居の親族による通報があった場合はすでに孤独死していることが多いのに対して、隣人による通報があった場合は、孤独死する前に発見・救助される可能性が高いことがわかりました。孤独死予防においても、「遠くの親戚より近くの他人」の原則が当てはまることが確かめられたわけです。

過疎化

都市部だけではなく、地方でも孤独死のリスクが高まっています。過疎地域においては、高度経済成長期ほど急ではないものの、依然として人口の自然減と高齢化が進行しています[2]。近年では、「限界集落」と呼ばれる、人口の半数以上が高齢者となり、コミュニティの維持が困難となった集落や自治体も現れはじめました[37]。限界集落のような過疎化と高齢化が進んだ地方では、住民の孤立が生じやすいといえるでしょう。実際、鹿児島県の調査によると、介護や医療サービスなどのインフラ整備状況が不十分な過疎地域のほうが、近隣との付き合いや会話頻度が少ない都市部よりも一人暮らし高齢者の孤独死不安や孤立意識が高いことが明らかになっています[45]。このような過疎地域に固有の特徴は、筆者が行った全国調査[13]でも確認されています。自由回答で孤独死対策を行ううえでの障害を尋ねたところ、地方の小規模自治体から、離島である、山間地である、積雪が多いといった地理的困難に関する意見が寄せられました。この傾向は、自治会組織が解散した、新興住宅地が増えて住民相互の繋がりが弱くなった、などの意見が多かった都市部の自治体とは対照的でした。効果的な孤独死対策を行ううえでは、地域の特徴に配慮する必要があるといえるでしょう。

5　孤独死予防対策の実際

これまで、孤独死の現状や孤独死が起こる背景について述べてきました。最後に、現在行われている孤独死予防の対策とその効果をみておきたいと思います。

予防対策の内容

厚生労働省が孤独死対策のためのモデル事業を募集したことがありました。[22] この助成を受けた78の自治体が実施した様々な対策が、以下の七つに大別・報告されています。

（1）実態把握（孤独死の発見者へのヒアリング、単身高齢世帯の調査など）
（2）普及啓発（リーフレットの作成と配布、シンポジウムの開催など）
（3）安否確認（民生委員等による訪問や見守りなど）
（4）緊急情報システムの構築（24時間対応電話の設置など）
（5）集会の促進（住民サロンの設置、食事会の開催など）
（6）ネットワーク構築（予防センターや調査委員会の設置など）
（7）相談事業（電話相談や専門員による相談窓口の設置など）

このなかでたとえば、緊急情報システム（高齢者が体調を崩したときにボタンを押すと消防や家族に通報が行く装置など）は、１９８０年代に全国の自治体に普及しており、[10] 孤独死対策を従来の高齢者福祉対策の一部に位置付けた試みです。他方、孤独死予防に特化した対策は実施にばらつきがあるようです。たとえば、筆者が行った調査[13]では、孤独死に関する条例の制定、孤独死予防の先進的な取り組み地域の視察などを行っている自治体は二％未満でした。他方、安否確認は多くの自治体で行われており、特に巡回・訪問などの声かけや見守り活動の実施率は８割を超えていました。

なお、このような巡回・訪問を最も行っていたのは、福祉事務所や保健所などの行政関連機関でも、その委託を受けた訪問サービス業者でもなく、自治会やボランティアなどの地域の自助的組織でした。藤原は、[10]孤独死予防戦略の基本を、気軽に挨拶ができる、人が集まる拠点がある、適度な世話焼きが可能である、などの特徴を備えた「高感度のコミュニティづくり」であるとしています。都市部における孤独死の典型例として先に紹介した千葉県常盤平団地でも、自治会長を中心に「挨拶」「向こう三軒両隣」「友は宝」の三つを重視した「孤独死ゼロ作戦」を展開し、活動拠点「孤独死予防センター」の開室（２００４年）、集会所「いきいきサロン」の運営（２００７年）、ＮＰＯ法人「孤独死ゼロ研究会」の設立（２０１０年）といった一連の取り組みを行っています。[30]

地域コミュニティの活性化による孤独死予防の試みは、海外でも実践されています。たとえば、フランスでは１９９９年に起きた孤独死をきっかけに、住民が食べ物や飲み物をもち寄って語り合う「隣人祭り」が開かれて成功し、定期的なイベントへと発展しました。「隣人祭り」は現在、ヨーロッパや北米、そして日本を含むアジアへと広がっています。[39]他方、アメリカでは、コーハウジングと呼ばれる20〜40の単身者と家族世帯者から成る集合住宅が多く建てられています。[52]ここでは、家族世帯者が単身者に子供の世話や買い物を頼むことができ、単身者は一人暮らしの不安が解消されるようなライフスタイルが構築されています。このようなメンバー間の相互扶助（助け合い）意識に基づくコミュニティの「有縁化」は、今後、我が国でも孤独死対策としての重要性を増すと思われます。[15]

予防対策の効果

阪神・淡路大震災のときには、いくつかの仮設住宅に「ふれあいセンター」が設置され、生活支援アドバイス、健康づくりの指導、ボランティア団体等の活動拠点となりました。[8] 高橋他[15]によれば、センターの設置された仮設住宅では、設置されなかった所よりも孤独死の発生率が低かったそうです。ところが、このような孤独死予防対策の効果を評価する研究は、現在ほとんど行われていません。海外では、自宅訪問、ソーシャル・サポートの提供、社会活動への勧誘などが、高齢者の孤立や孤独感を軽減することが報告されています。[6] 我が国でもこのような知見を集め、孤独死対策の有効性を検証すべきでしょう。

そのような試みの一つとして、東京都健康長寿医療センターの研究班が、孤立予防のための介入プログラムの開発と評価を行っています。[32] これによると、地域の体操教室に参加している高齢者と研究班のスタッフが、孤立やその予防に関する定期的な意見交換を行うことで、参加者の孤立予防意識の高まりや意見交換会への出席回数の増加などがみられました。2年にわたり実施されたこのプログラムが、孤独感や孤立の軽減、そして何より孤独死の予防に効果があったかは、今後の報告を待ちたいところです。

高尾[16]は、従来の孤独死に関する議論がマスメディア主導であったため、この問題への学術的考察が不足していることを指摘しています。実際、上田ら[19]が各種データベースを検索したところ、孤独死に関する文献の多くは個人的雑感や政治的記事であり、明確な研究目的を備えた学術論文はほとんどなかったそうです。我が国で高齢者の孤立や孤独死対策の効果評定の試みが立ち遅れている理由は、こんなところにあるのかもしれません。もちろん、「NHKが繰り広げる無縁社会キャンペーン」[16]は、孤独死問題に対する国民や政治の関心を高めるうえで重要な役割を果たしました。しかしながら現在、孤独死問題はその現状に関する知識を共有すべき段階から、有効な予防対策に関する知識を共有すべき段階に来ています。

新田[31]は、孤独死をめぐる現状が「言説的飽和状況」にあり、一方ではその現象特性を踏まえた効果的な対策につながっていないと述べています。そして、今後取り組むべき課題を明確化するために、社会的孤立と（孤独）死という「問題状況」の軸と、事前対応か事後対応かという「対策のねらい」の2軸を組み合わせたマト

表８-１　実践的視点にもとづく孤独死対策[34]

問題状況／対策のねらい	社会的孤立	（誰にも看取られない）死
予　防（事前対応）	A社会的孤立を防ぐ 【具体例】訪問・見守り活動、サロン活動、孤独死防止の普及啓発、あいさつ・声かけ、チラシ配布、介護等フォーマルサービスの安定的利用	B看取られない死を防ぐ 【具体例】訪問・見守り活動、介護等フォーマルサービスの安定的利用、人感センサー、緊急通報システム、救急医療情報キット、アクセスしやすい医療制度
早期発見・早期対応（事後対応）	C社会的孤立状態に陥っている個人や世帯の掘り起こしと対応 【具体例】福祉的支援を要する個人や家族と「地域」や「制度」をつなぐ実践	D死（遺体）が放置されないようにする 【具体例】AとBとCの対策および死後の適切な社会的措置

リクスを提示しています（**表８-１**）。これに当てはめれば、上述した海外や東京都の研究[6][32]はAやCに相当することがわかります。一方、孤独死予防に相当するBは、各自治体で対策は講じられているものの、効果評定の試みが不足している部分といえるでしょう。また、Dはニーズの急伸に応じて現在、遺品整理業などの民間サービスが参入している領域であり[53]、今後、行政の対応が必要となってくる部分です。孤独死をめぐる問題は多様ですが、このように課題を整理することで、対策の効率化が進むことが期待されます。

推薦図書

額田勲　孤独死『被災地神戸で考える人間の復興』岩波書店、１９９９年。

阪神・淡路大震災を現地で経験した著者が、医師として被災者の支援や調査に携わりながら、日々、知り感じた事柄の記録です。孤独死を災害時に偶然起こった悲劇ではなく、現代日本の高齢化や貧困者の増大に通底する問題であると看破しています。当初は単行本として出版されたものが２０１３年には文庫化されるに至ったことも、著者の洞察の今日的な意義を示すものといえるでしょう。

第9章 無縁化をもたらす非協力行動の制度的構造

1 はじめに——現代の縁と過去の縁

現在の無縁社会からすると「縁」を大事にしていた時代は輝かしくみえることもあります。映画『Always三丁目の夕日』は人と人が繋がっていた昭和の東京をノスタルジックに描いてヒットしました。しかし、「縁」は時として人を拘束します。自治会活動や町の伝統芸能活動のために自分の時間を犠牲にして仕事を休まなければならなくなるでしょう。地域のしきたりに縛られ、好きな事ができなくなります。常に周囲の人たちの評価を気にしなければならず、良し悪しにかかわらず人と異なる事をするだけでも村八分にされてしまうために、新しいビジネスを始めることすらできないこともあります。このように様々な束縛があります。この束縛から逃れるために、地方を捨て、都会に自由を求める人々もいます。そうした人々が自分らしい生き方を謳歌する一方で、人々の「縁」が希薄になる無縁社会が生まれています。

都市部では無縁化が進んでいる一方、コストをかけてまで縁を求める動きもみられます。たとえばシェアハウスと呼ばれる共同住宅はその良い例です。シェアハウスには様々な形態がありますが、ここでは大きく分けて三つに分類します。一つ目は低所得者向けのシェアハウスです。賃貸料が安く入居審査基準が緩いことが売りですが、共同住居としての法的な基準を満たしていないことが合わさって、脱法ハウスとして社会問題になっています。社会的・経済的な問題を背景にそこに住むことを余儀なくされた人たちも多かったことでしょう。二つ目として、首都圏など賃料の高いところでは、友人あるいは見知らぬ人同士で費用を折半し、一人で住むよりも大きめの部屋を借りてシェアをする場合もあります。これは欧米でよくみられるハウスメートにあたり、「縁」よりは経済的な理由が主になります。金銭的に余裕ができるとシェアハウスから出ていく場合もあります。

三つ目は「縁」を求めて住むシェアハウスです。これは、ソーシャル・アパートメントやコーポラティブ・ハウスなどと呼ばれるものです。たとえば単身者向けの賃貸住宅に共同スペースを作り、そこに広いダイニングキッチンや流行の家具などを置いて住人同士の交流を促進します。家族向け住宅の場合は、敷地内に住人が気軽に集える共同スペースを作り、住人の縁を繋がりやすくしています。このようなシェアハウスでは、賃貸料は割高になり、住宅の設計段階からかかわる場合は多くの時間も費やされます。しかし、この積極的に「縁」を作ろうとする住宅設計が居住者に評価されています。また、このようなシェアハウスの中には入居審査基準が厳しいものもあり、誰でも入れるという訳でもないようです。つまり、あえて割高な賃貸料や時間、審査(審査をする側に加えて、される側のコスト)などのコストをかけてまで「縁」を作っていることになります。また、不動産経営の観点からも大都会において「縁」が付加価値となることは興味深いことです。

では、そもそも昔はどのような形で「縁」が形成されていたのでしょうか。それに対する答えの一つが講(こう)、模合(もやい、もあい)、結(ゆい)などと呼ばれる組織になります。

次節ではまずは講について説明します。そして模合と呼ばれる沖縄の講や、筆者が2013年に新潟県の佐渡島で聞き取り調査をした講やその他の互助組織を紹介します。そして、講は日本に限らず世界中に存在しており、過去の遺物としてではなく、形を変えて現代社会でも利用されていることを示します。

3節、4節では、本章のメインテーマとして、コンピュータ・シミュレーションによって、講というインフォーマルな組織が維持される仕組みを解析します。2節で紹介するように、講は様々な種類があり十把一絡げではありません。しかし、様々な講の具体例から共通する部分を抜き出してシンプルにしたうえでモデルを作りました。コンピュータ上でそのモデルのプログラミングを行い、シミュレーションをします。そして、どのような要因が講の維持に重要なのかを探ります。これは、コンピュータ・シミュレーションによって物事の本質を探す作業になります。

縁社会では多くの人が縁によりつながり、皆が他の人を知っているもしくは知り得る状態だと考え、そのお蔭で講が成り立つと一般的に考えられています[2]。筆者はコンピュータシミュレーションによって、無縁社会、つまり人と人とのつながりが薄く、他人のことを良く知らない状況においては講が成立しないことを示します。しかし、縁社会という条件だけでも講は維持されず、あるルールが講の維持には必要になることを発見しました。

2　現代に受け継がれる講と形をかえて今に生きる講

頼《たの》母《も》子《し》講《こう》

講という言葉には様々な意味があり、様々な組織が講と呼ばれています。まずは、経済的に人々を結びつける頼母子講（たのもしこう）に着目して説明しましょう。数人から数十人の参加者が定期的に会合を開き、毎回一定の掛金を支払い、参加者のうち一人がその資金を受取ります。掛金を受け取る人は入札や籤引き等で決まり、参加者全員が1回資金を受取ると、頼母子講は解散となります。参加者は資金を融通し合うことで、各自で貯蓄するよりも短期間に（また必要なときに）資金を得ることができます。

たとえば、毎月1万円を貯金するとして2年経つと24万円貯まります。一方、24人の参加者がいる頼母子講に加入して、毎月1万円の掛金を支払ったとすると、ある参加者は最初の会合で24万円の資金が得られます。別の参加者は1ヵ月後の会合で資金が得られ、最も遅い悪い参加者でも自分で貯金するのと同じ24ヵ月後に資金が得られます。このようにすると、平均して12ヵ月で24万円の資金を貯めることができるのです。一方で、頼母子講には一つの欠点があります。それは、掛金を途中で支払わなくなる参加者が出てしまうことです。資金を得た後に掛金の支払をやめてしまえば、その分だけ支出が減り得をします。このような行為をデフォルト（債務不履行）と呼びます。デフォルトが起こるとまだ資金を得ていない参加者は損をしてしまうため、頼母子講を行う上で大きな問題になります。

デフォルトを防ぎ頼母子講を安定的に運営するには、どのような仕組みが必要になるのでしょうか。沖縄では、模合（もあい、むえー）と呼ばれる頼母子講がこんにちでも盛に行われています。沖縄の模合を例に見ていきましょう。辻本ら[13]の研究から、沖縄では職場の仲間や同業者、同級生、飲食店の常連客など様々な「縁」をもとに模合が行われており、掛金は「多くても数万円程度」で「経済的な効果よりも親睦といったようなことを当事者が強調することが多い」と報告されています。つまり「縁」を維持することが目的の一つになっていると解釈できます。また、「面識関係による参加者選別」が行われ、収入がなく掛金の支払が困難な人や過去にデフォルトを起こした人を模合に参加させないことで、デフォルトを防いでいると考えられます。この面識関係という言葉は重要で、単に知り合いというだけではなく、その人の経済状態や人となりを良く知っていることを意味します。仮に参加者全員がお互いに深い面識関係になかったとしても、信頼のおける参加者の紹介により模合に加入し、定期的に会合に参加することで面識関係を築いていくことも可能です。また、参加者の多くは複数の模合に加入しており、参加者が網の目のように面識関係を作っていくことで、面識関係は強化され参加者を選別しデフォルトを防ぐ仕組みとなります。このように、模合を行うには面識関係が必要であり、面識関係の維持には飲食をしながら定期的に会合する模合が適しているという自己維持的な関係になっています。つまり「縁」を維持し、新たな「縁」をつないでいくには定期的な会合は不可欠なのです。

沖縄の模合に限らず、日本には古くは頼母子講や相互扶助を目的とした講がたくさんありました。多くは廃れてしまいましたが、現代に受け継がれているものもあります。以下では執筆者が２０１３年に聞き取り調査を行った新潟県佐渡島の講やそれと関係した組織を紹介しましょう。佐渡島は沖縄本島に次いで二番目に大きな島で、江戸時代に金山の採掘が盛んになると、人口が10万人ほどに増えたと言われています。その中で、経済的・社会的講が作られました。

かつての金の積出港であり現在は新潟県上越市とつながる玄関口の小木地区では、銀行の融資とは別に、商工業者が資金を融通し合う頼母子講が今も行われています。この地区の頼母子講では、その名の通り、親となる一人の参加者が他の参加者（子）を募り、掛金を定めて、親は最初に資金を受取ります。２回目以降、親は最初に定めた掛金を支払うとともに、子同士でも頼母子講を行います。親の支払金に子同士の掛金を足した金額を一人の子が受け取るという形で講が行われます。この頼母子講では、資金の必要な人が親となり、子に融資を頼むという考えが根底にあります。そのため、親が自分の面識関係から参加者を集め、より多くの参加者を集めるには親の才覚が必要になります。また、親の場合も子の場合も資金を受取る際に、その後の掛金の支払を保証する保証人を置くことが求められます。事業者による頼母子講では掛金が高額になる場合があるため、親による参加者選別と保証人の存在によりデフォルトを防いでいると考えられます。

念仏講

一方、佐渡の表玄関、両津港に近い福浦地区では、相互扶助を目的にした念仏講と呼ばれる講が行われています。昭和初期に福浦地区の約10世帯により結成され、毎年大寒の頃に当番の家に集まり読経と会食をして親睦を深めます。当番は輪番制になっています。また、冠婚葬祭、特に葬儀に際しては念仏講の参加者が取り仕切ることになっており、不幸のあった家の負担を極力減らすように配慮されています。福浦地区の念仏講は、助け合いの融通をしているという点で、頼母子講とよく似た構造をもっています。頼母子講の掛け金にあたるものが、当番の会食の準備や、冠婚葬祭に際しての助け合いになります。会食の準備は日時が決まっていますが、冠婚葬祭は突然起こるという点で異なります。冠婚葬祭の場合は、家同士の関係が数世代にわたり続いていくとすれば、相互扶助を受ける機会は各世帯で均等になるため、助力を怠ることは、デフォルトをすることと同じになってしまいます。また、輪番制による読経と会食当番が「縁」を生じさせ、冠婚葬祭のような不測の出来事への相互扶助が可能になっていると解釈ができます。

その他の「縁」を維持する相互扶助組織

念仏講の読経と会食当番のように、一人の参加者が他の参加者に便益を提供し、それを交代で行っていく形の講もあります。両津地区の菓子業者が行っている古峯講（こうばらこう）では、毎年6月に栃木県鹿沼市の古峯神社に参拝し火防祈願をするとともに、月に一度ほど当番の家に集まり祭事と会食をします。このような定期的な行事を通して「縁」を維持していると言えます。会食の費用は会費で賄われますが、その準備は当番が交代で行います。講の中でも頼母子講のように順番に皆が一人のために便益を提供するものや、その反対に一人が順番に皆のために便益を提供するもの、皆が皆の便益になることを同時に提供するものがあります。

世界農業遺産に登録され風光明美な棚田をもつ岩首地区では、集落全体で相互扶助を行う習慣が今も残っています。これらは講と呼ばれるものではありませんが、その仕組みは社会的講に類似しています。防犯や防火を目的に、毎晩、当番が集落全体の見回りをする夜番（やばん）というものがあります。当番を隣同士の二世帯から1名ずつ出す決まりがあり、集落全体の状況把握や当番同士の情報交換の場になっています。新規の転入者であっても高齢者を除き全世帯が当番をします。加入や脱退の自由がない点は社会的講と異なりますが、これは防犯や防火の便益から非加入世帯だけを除外することができないため、フリーライダーを許さない仕組み作りと考えることもできます。集落全体の相互扶助として他にも道普請（みちぶしん）というものがあります。雪解け後の4月上旬と、稲刈り前の8月下旬に棚田につながる農道の整備や草刈りを行います。この作業には普段集落にいない人も参加するため、面識関係を維持する良い機会となります。また、当日やむを得ず参加できない場合は、他の村仕事と合わせて帳簿に記録され、半年に一度村民の間で清算されます。作業日数が他の人の平均よりも少ない場合は、日当を集落に支払い、反対に作業日数の多かった人はその日当を受け取るという形で、集落を介して作業量を清算します。これは作業に参加できなかったことへの罰金という意味ではありません。今後、自分が作業に参加できない場合も考慮して、作業を融通しあっているのです。日当は通常の時給よりも低く抑えられており、単に作業時間をお金で買うのとも異なります。お互い様と考えて、助け合いを融通するのです。

人口減少や少子高齢化、経済状況の変化により、佐渡島でも講や相互扶助の仕組みを維持することが難しくなっています。小木地区では、以前よりも頼母子講が組まれることが少なくなり、特に若い世代が参加しなくなったと言われています。講にデフォルトの心配があるためや面識関係にある人が少なくなったためではなく、講を必要とする人、つまりまとまった資金を得て事業を起こそうとする人が少なくなったからだということです。福浦地区でも、念仏講などを利用して自宅で葬式を出すよりも民間の葬祭場を利用することが増えているとのことでした。社会的講が担っていた役割が商業的なサービスに置き換わったと言えますが、講により維持されていた「縁」が薄れていくことが懸念されます。一方、岩首地区では過疎化や高齢化により、集落全体で維持してきた相互扶助の仕組みを今のまま将来に渡って続けられるのか、疑問の声も出ています。世帯が減ることで1世帯の負担が増えそれが参加世帯の減少につながるという負の連鎖が考えられます。

数世代にわたり維持されてきた経済的講、社会的講などの相互扶助の仕組みはこのまま時代の流れのなかで失われてしまうのでしょうか。その可能性は十分に考えられます。たとえば、念仏講の仲間で冠婚葬祭を行うと仲間の時間を使ってしまうことになります。葬祭業者に費用を払って委託すれば、仲間に労力や負担をかけなくて済みます。つまり他人の労力を「お金」で解決することで合理化をはかっています。それが悪いとか良いとかの道徳的な判断はできませんが、他人と「縁」を作る機会は確実に失われているのです。その結果、社会の無縁化が進んでいるのも事実です。だからといって、無縁化を食い止めるために頼母子講などの古くからあるシステムをそのまま現代の日常生活に復活させることはできません。しかし、温故知新として我々に「縁」をよりよく活用するためのヒントを与えてくれるでしょう。

実際、現代社会に合致したシステムも作られています。その一つとしてブラジルにおける頼母子講を活用した2輪車の販売戦略を紹介します。２０１２年8月28日付けの朝日新聞経済欄にホンダ2輪のブラジルにおけるシェアが8割という記事が掲載されました。この記事によると現地生産によってブラジルの人のニーズにあったバイクを提供できることに加えて地元独自の支払い方法が功をなしているそうです。その地元独自の支払い方法というのが「コンソルシオ」といい、頼母子講に似た共同購入です。２０１０年2月15日号PRESIDENT Online の記事「驚愕！〈無尽〉をファイナンスに活用」[10]によれば、コンソルシオは日系のブラジル移民がもち込んだのではないかとも言われているそうです。景気後退により金融機関の貸し出しが厳しくなっていますが、コンソルシオを使うことで銀行から融資を受けられない人もバイクが購入できるようになります。新聞記事に沿って基本的な仕組みを紹介します。たとえば48ヵ月支払いのバイクを仮定します。コンソルシオを主催する管理会社は回数の2倍の96人のバイク購入希望者を募集します。毎月2台を参加者に渡します。1台は抽選で、もう1台は最も多くの掛金を前納した人に渡します。参加者は運次第で48回を支払う前にバイクを手に入れられます。この方法であれば、所得の低い人や借り入れがかさんで通常の金融機関から融資を受けられない人でも、掛金を支払ってさえいればバイクを購入できます。このコンソルシオは1980年代末から始まった制度のようですが、現地法人社長によると「経済情勢が上下しても（バイク購入を）底支えしてくれる存在だ」と記事に書かれています。しかし、コンソルシオではデフォルトを、つまり早くバイクを手に入れた後に支払わずにもらい逃げをする人をどのように防いでいるのか、また、デフォルトによりコンソルシオが破綻してしまうことはないのか、記事からはわかりませんでした。頼母子講研究の知見からは、何らかの「縁」社会が存在しデフォルトを抑制させていると推測できますが、正確な情報は現地調査をしてみないことにはわかりません。

海外にもある講

頼母子講や無尽、模合と呼ばれる講は、日本の限られた地域や一部の日系人社会にだけみられるものではありません。実は世界中に似たような形態の組織が存在しており、Rotating Savings and Credit Association (Rosca) と呼ばれています。著名な文化人類学者であるギアーツやその他の研究者によって、韓国や中国、東南アジアやインド、バングラディッシュ、アフリカなどの様々な講が報告されています[4][1]。それらの国についても過去の慣習としてではなく、たとえば東南アジアでも頼母子講は日常的に行われていることがわかっています。たとえばベトナムではオートバイが非常に多いのですが、これは一般的な人の年収分に相当します。しかし、ローンを組むことが普及していないため、色々な方法で現金を集めているそうです。その一つの方法に頼母子講があり、農村部だけではなく都市部にも普及しているようです。[5] また、ムハマド・ユヌス博士はバングラディッシュで行われていた講を元にして、グラミン銀行を創設しました。従来の経済理論では貧しい人に融資をしても返済率が低く商業的に成功できないとされ、従来型の銀行から貧者はお金を借りることができずに貧困から抜け出すためのビジネスチャンスを逃していました。グラミン銀行は貧しい人たちのつながりを活用してお金を貸す仕組みをつくり、融資の返済率は9割以上と非常に高くなっています。高い返済率により資金が循環し、貧しい人が事業を起こす機会をより多く作り出すことができます。また、グラミン銀行の制度と貧しい人々の融資の功績により、２００６年にはノーベル平和賞を受賞しました。グラミン銀行も講と同様に利用者自身の「縁」を活用しているところが重要な点です。

講が形を変えて現代社会で活用されている例は何もバングラデシュのグラミン銀行だけではありません。日本の信用組合や信用金庫もルーツをたどると講と同じ精神から発した組織であることがわかります。現代の信用組合の起源は19世紀中頃のドイツにあると言われていますが、近世の日本にも同じような協同組織として「先祖株組合」「五常講（報徳社）」がありました。[14] また、全国信用協同組合連合会では、「信用組合は、「お金」のない時代に、仲間同士が「お金」をもちよって、助けあったルーツを大切にし、組合員の利益をいつでも第一に考えます」との一文を信用組合からのお約束と題して、ホームページに掲載しています〔http://www.zenshinkumiren.jp/deai/deai.html〕。

先進国における講組織の現代的な活用としては、インターネットを活用したクラウドファンディングがあげられます。クラウドファンディングは市民による新しい資金調達の手法として様々な分野に応用が可能です。

ソーシャルビジネスは事業者の評価が難しいため先進国でも既存の銀行は資金の融資をしませんが、クラウドファンディングをソーシャルビジネスの資金調達に活用していくことが期待されています。このようなインターネットによる「縁」を媒介にし、市民の力でお金を集めてお金を融資する活動（金融NPO）が始まっています。[3]

先ほど、「頼母子講などの古くからあるシステムが、温故知新として我々に「縁」をよりよく活用するためのヒントを与えてくれる」と書きました。そのヒントを見つけるには、まず頼母子講やその他の関連する組織や制度を、基本的な構造と維持していくためのルールとに分解して、その仕組みを解明していくことが必要になります。執筆者は社会シミュレーションという手法を用いて、社会における組織や制度の仕組みを解明していきます。次節では社会シミュレーションによる頼母子講の分析方法とその結果を紹介し、この研究によって明らかになったことを説明します。[6]

3　頼母子講のシミュレーションをしてみよう

頼母子講は地域によってルールも異なり、地域毎に細かなルールもたくさんあるため、ある地域の頼母子講のシステムをそのままモデル化すると複雑なモデルとなってしまいます。そこで、まずは枝葉を落として単純化し、多くの頼母子講に共通のルールを浮き彫りにしたモデルを構築します。その結果、頼母子講の独特なゲーム構造が浮かび上がってきます。このゲームを「回転非分割財ゲーム（Rotating individible goods game）」と呼ぶことにします。このような名前にした理由は後ほど説明します。

まずは回転非分割財ゲームを説明しましょう（**図9-1**）。n人で講を組織し、n回ほど会合を開きます。毎回の会合では各メンバーはx円出資します。そしてランダムに選ばれた人が資金を受け取りますが、各メン

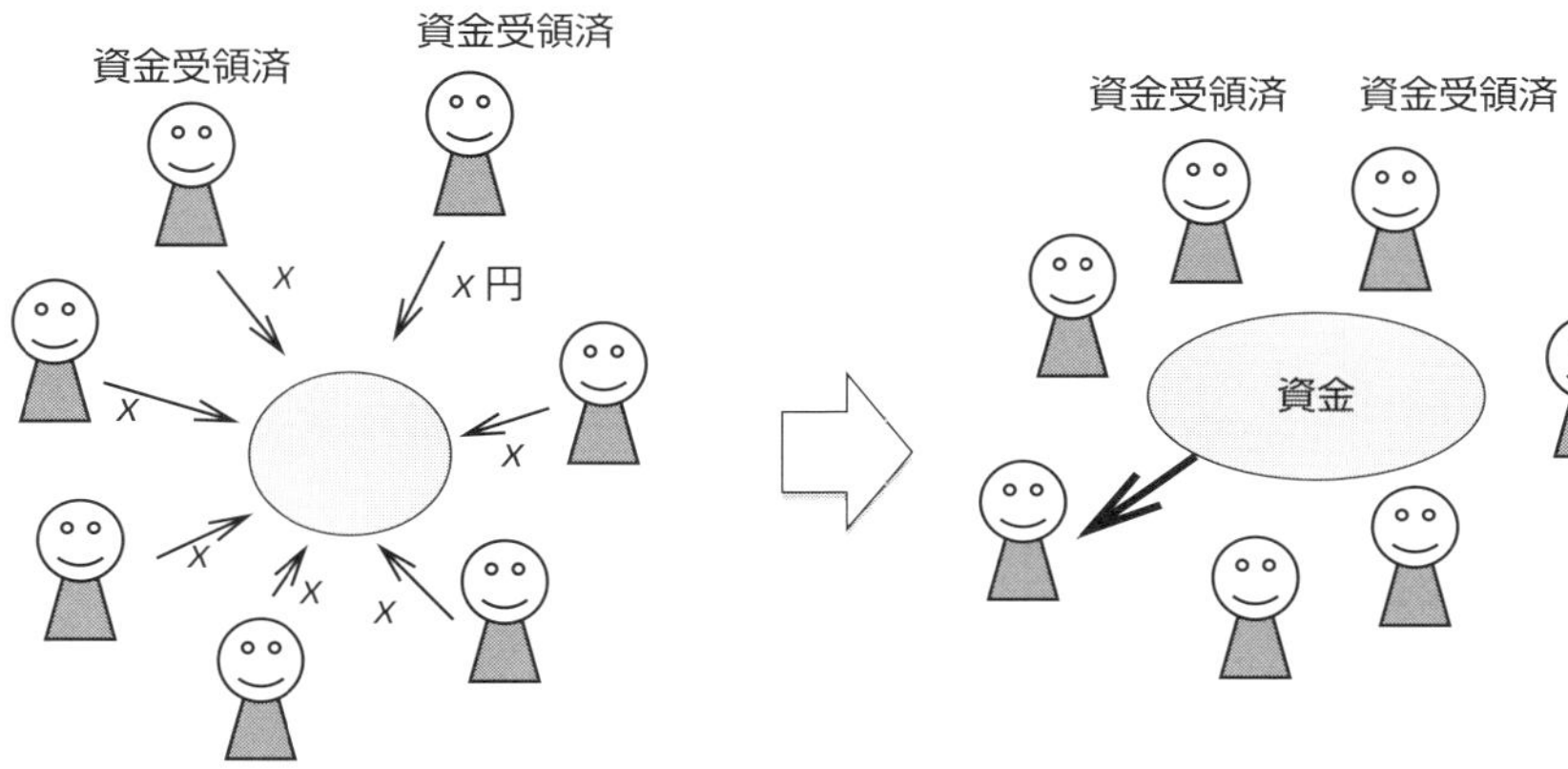

図9-1　回転非分割財ゲームの流れ

バーは一度しか受け取らないとします。つまり、n回の会合でn人全員が一度資金をもらいます。そして早く資金を受け取ることができた人ほど、早くビジネスへ投資できるようになるというメリットがあります。そして早く投資をするお陰で利益も多く得ると考えられますので、早く受け取った人ほど資金を投資して得る利益が多いと仮定しましょう。全員が常に出資をする場合では、t回目の会合で資金を受け取った人の会合が全て終わったときの利益は $x(n-1)w^{n-t+1}-x(n-1)$ となります。式の第1項はt回目の会合で受け取った資金に利益を掛けたもの、第2項は毎回の出資額の総計になります。ただし、w $(w \geq 1)$ は利益率とし、$w = 1$ のときは早く受け取ってもメリットが無い状況です。

プレーヤーには、毎回の会合で常に出資するタイプや、資金をもらう前は出資するが資金を受け取った後は出資しないタイプなどいくつか考えられます。そこで、出資に関する戦略をコントロールする二つのパラメータ (q_1, q_2) を導入しましょう。q_1は資金を受け取る前に出資をする確率、q_2は資金を受け取った後に出資する確率です。q_1、q_2とも0あるいは1と仮定すると、$(q_1, q_2) = (0, 0), (0, 1), (1, 0), (1, 1)$ の4種類の戦略があることになります。$(q_1, q_2) = (1, 0)$ は資金を受け取る前は出資す

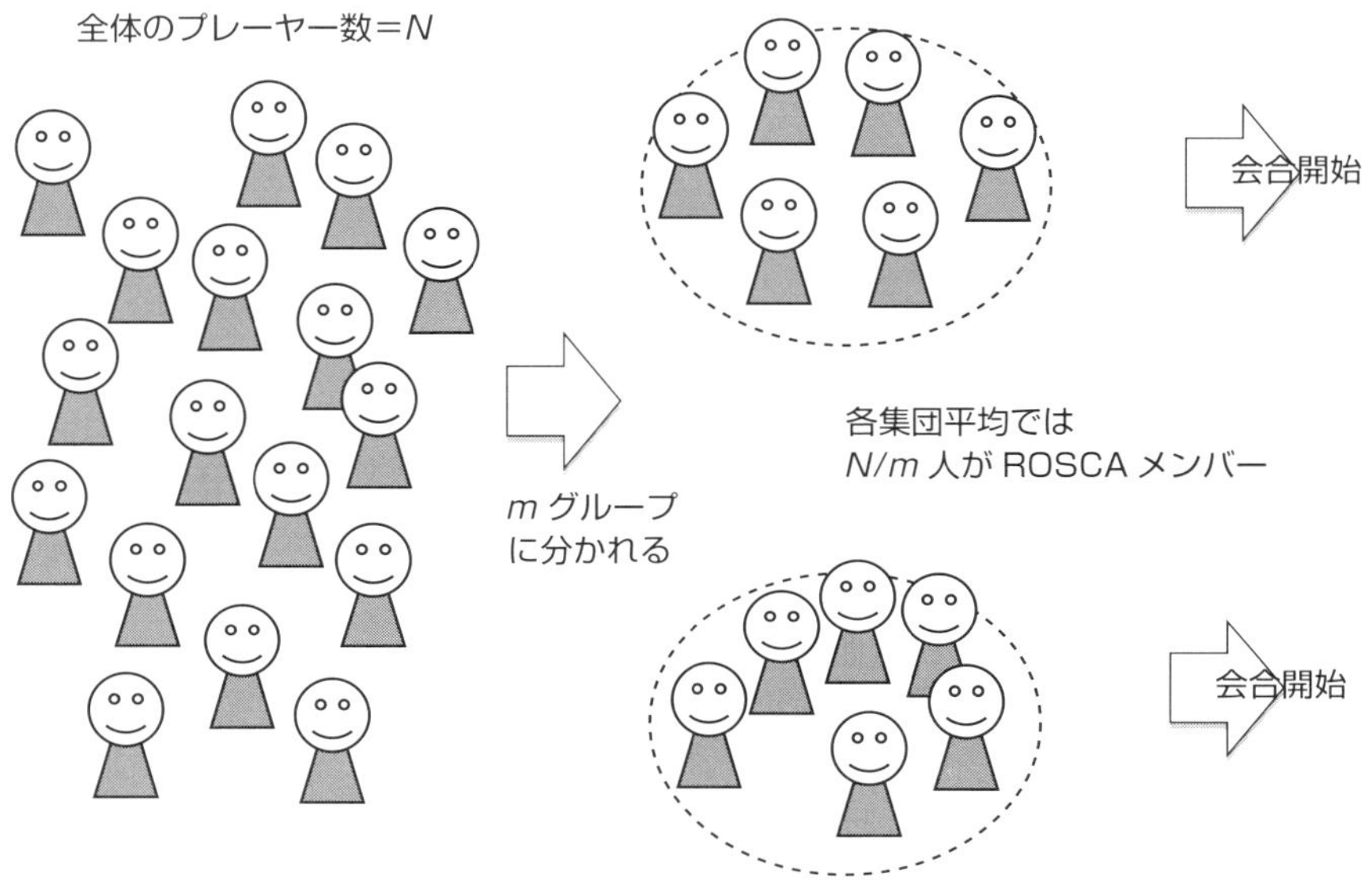

図 9–2　社会シミュレーションの流れ（1）

るが、それ以降は出資しないデフォルト戦略、$(q_1, q_2) = (1, 1)$ は常に出資する協力戦略になります。

ここでやっと「回転非分割財ゲーム（Rotating indivisible goods game)」と名付けた理由を説明できるようになりました。このゲームではメンバーが出資して作った資金を一人だけが受け取るというルールになっています。ビジネスに投資をするにはまとまったお金が必要なため、資金は一人しか受け取れないのです。つまり、資金を分割してしまうと資金の価値がなくなると考えられ、資金が「非分割財」になっているのです。しかし、単に「非分割財ゲーム（Indivisible goods game)」としてしまうと、たとえば臓器移植のように必要としている人が提供できる人よりも多い場合に、どの人に優先的に提供するのか考えるといったようなゲームととらえられてしまいます。そこで、頼母子講の資金を受け取る順番が回転していく特徴を加味して「回転非分割財ゲーム」と名付けました。

では、次に社会シミュレーションの流れを説明

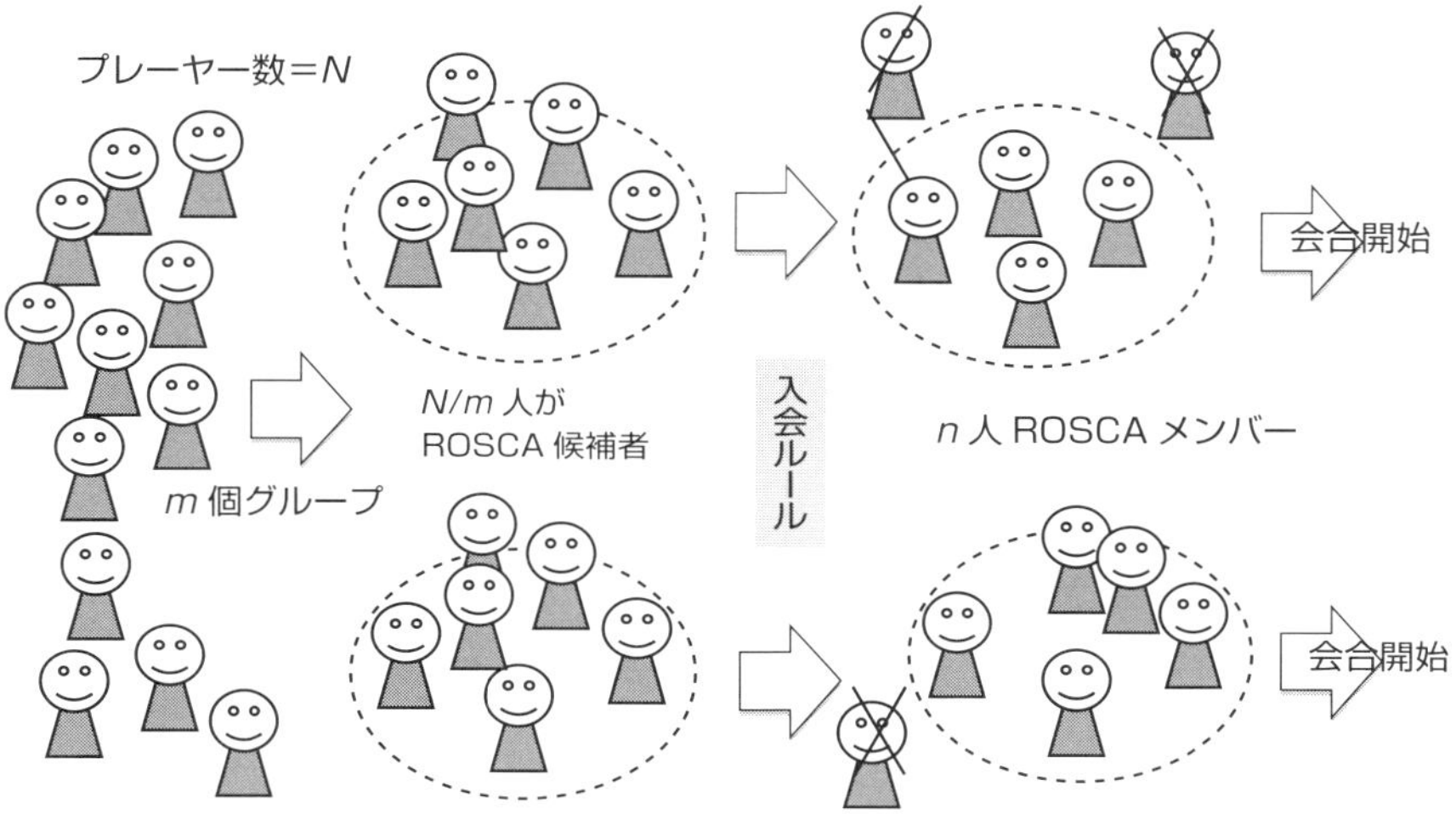

図9-3　社会シミュレーションの流れ（2）

します。一集団中にN人ほどプレーヤーがおり、m個の講があります。プレーヤーはランダムにm個の内の一つの講のメンバーになるとします（図9-2）。そして、メンバーは回転非分割財ゲームを行います（図9-1）。便宜上、資金を受け取る順番が一巡した時間を1 ROSCA時間と呼びます。1 ROSCA時間終了後メンバーは解散し、先ほどと同様にm個の講にランダムに振り分けられます。今回の社会シミュレーションでは進化のアルゴリズムを用いるため次のような設定をしています。r ROSCA時間を1世代とし、各世代が終了したときに利得を累計します。そして次世代のプレーヤーは、$1-\mu$の確率で前世代の利得の高い個体の戦略を模倣し、μの確率でランダムに戦略を変更します。以後、このモデルを基本モデルとします。

基本モデルではプレーヤーは必ずどこかの頼母子講のメンバーになります。しかし、実際の頼母子講ではメンバーは他のメンバーの同意がなければ参加することができず、メンバーの選別において何らかの基準があると考えられます。この仮定を反映して、基本モデルに参加者選別のルールを加えてみましょう。

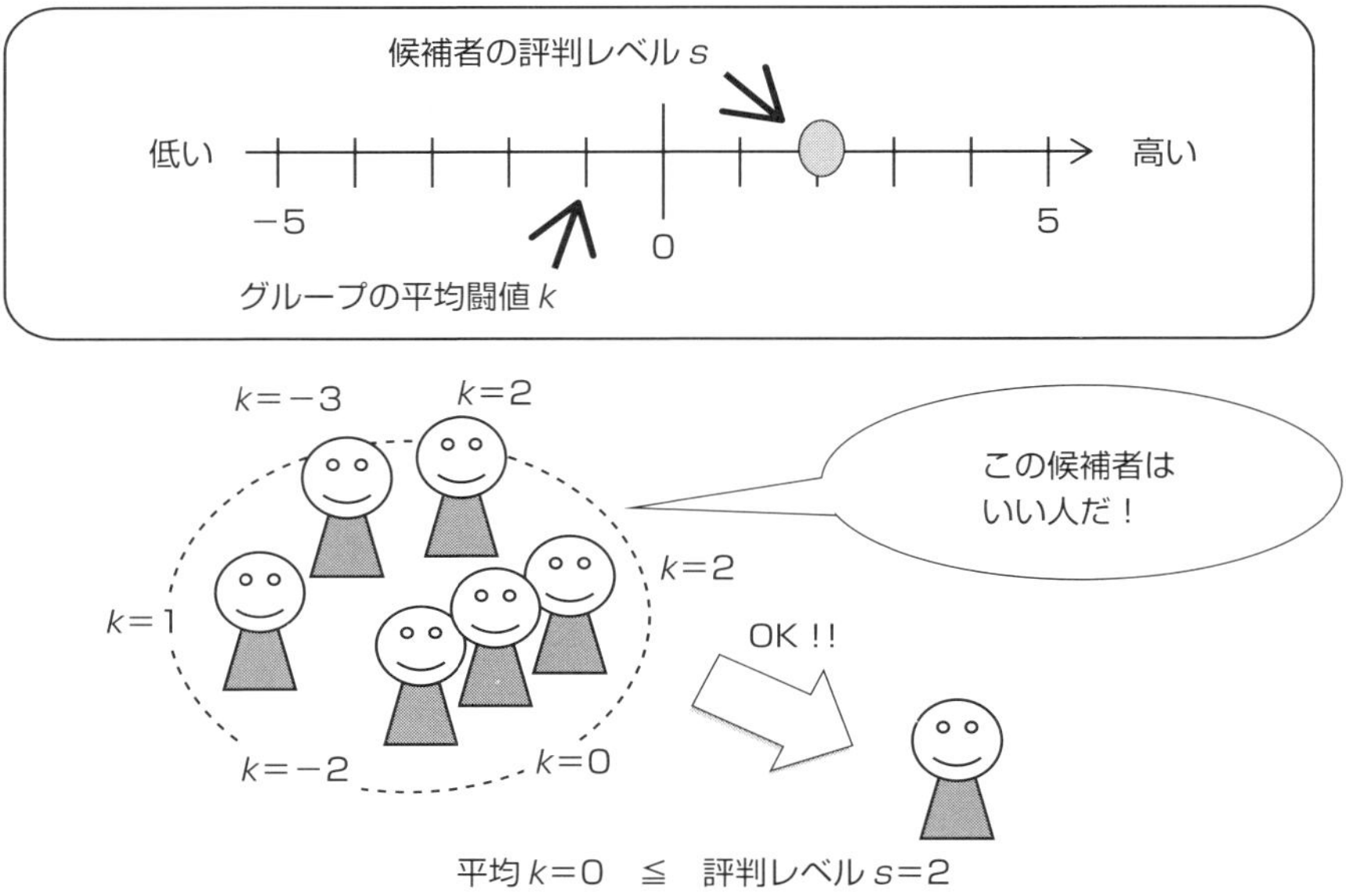

図 9-4　許可条件について

参加者選別の仕方も色々と考えられますが、今回は評判の良い人を講メンバーにする場合を考えます。一集団中にN人ほどプレーヤーがいて、m個の講があり、プレーヤーはランダムに講に入ります。この時点ではプレーヤーは講メンバーの候補者です（図9-3）。そして講メンバーの候補者は後述する入会条件を満たしてはじめて講のメンバーになり、回転非分割財ゲームを行うとします。

参加者選別のルールを設定する前に評判について定義します。各プレーヤーは、出資したかどうかによって決まる評判レベルsをもち、全員が各プレーヤーの評判レベルを知っていると仮定します。これは、ノヴァクとジクムントのイメージスコア[9]を参考にしています。各プレーヤーは基本モデルにおける（q_1, q_2）戦略に加え、評判の閾値戦略ももちます。たとえばプレーヤーBの閾値戦略をk_Bとすると、プレーヤーAの評判レベルs_Aがk_B以上であれば、プレーヤーBは「プレーヤーAは評判が良い」と判断しま

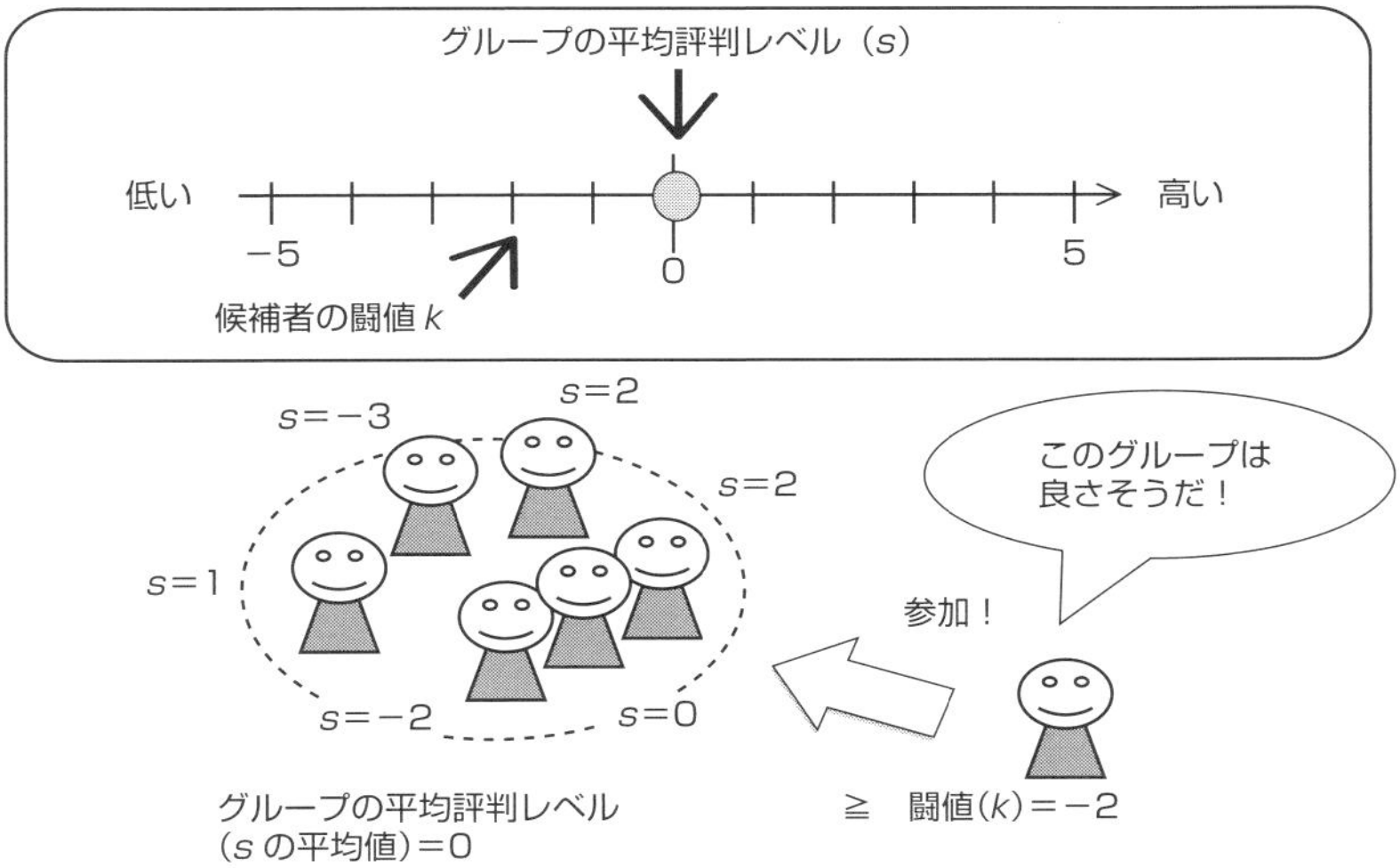

図 9‒5　入会条件について

す。k_Bより低いと、「プレーヤーAは評判が悪い」と判断します。

これら、評判とそれを評価する閾値戦略kにより参加者選別のルールを定めます。参加者選別は許可条件と入会条件の二つの条件からなります。許可条件とは、講のメンバーになることを許可するときの条件です。ある候補者の評判レベルが、講メンバーの候補者全員の閾値戦略の平均値以上であれば、その候補者は良い評判をもっていると見なされ、メンバーとなれます（**図9‒4**）。入会条件とは、講の候補者が実際にその講のメンバーとなりたいかどうかを判断するときに使う条件です。講メンバー候補者全員の評判レベルの平均値が、ある候補者の閾値戦略以上であれば、その候補者は「この講集団の評判は良い」と判断し、講に入会したいと思うという仮定です（**図9‒5**）。この二つの条件を満たしてはじめてこの候補者は正式な講のメンバーとなり、回転非分割財ゲームを始めます。

現実の頼母子講には、参加者選別のルール以外にも細かい決まりはたくさんあります。ここでは、「資金を受け取る前に出資しなかった人は、資金を受け取る番になったときに資金を受け取れない」という、講を行う人たちの間で暗黙に守られているルールに着目しましょう。このルールを「受領権喪失ルール」と名付けましょう。沖縄で販売されている模合帳という模合をする人たちの記録用のノートにも受領権喪失ルールが明記されています。このルールは資金を支払わない人への罰の一種と解釈できます。またこのルールを守るには、受領前に不払いを起こしている人はいないか、お互いの行動を観察する必要があるため、モニタリングによる相互監視が行われていることも含意します。

次節では、基本モデル、基本モデルに参加者選別のルールを加えたモデル、基本モデルに受領権喪失ルールを加えたモデル、そして、基本モデルに二つを加えたモデルの四つの結果を比較します。

4　頼母子講のシミュレーションからみえること

図9-6（a）は基本モデルの社会シミュレーション結果です。1試行につき1万世代のシミュレーションをして q_1、q_2の平均値を出し、これを50試行繰り返し、50回分の平均値を計算することで**図9-6**の q_1、q_2を求めています。この結果より q_1も q_2もほぼゼロ、つまりいつでも出資しないようになることがわかりました。基本モデルだけでは講の仕組みは成り立ちません。

では、参加者選別のルールが講の仕組みを成り立たせているのでしょうか。**図9-6**（b）の社会シミュレーション結果によると、q_1も q_2も低い値のままになっていることがわかります。つまり、メンバーの評判に基づいて参加者を選別するだけでは講の仕組みは維持できないことがわかりました。

次に、基本モデルに「受領権喪失ルール」を加えた結果を示します。**図9-6**（c）によると q_1の値はほぼ1となりましたが、q_2は低い値のままになりました。これは、受領権喪失ルールにより資金を受け取る前に出資しない人（$q_1 = 0$）は不利になってしまい、$q_1 = 1$ の戦略のプレーヤーのみになったと考えられます。しかし、

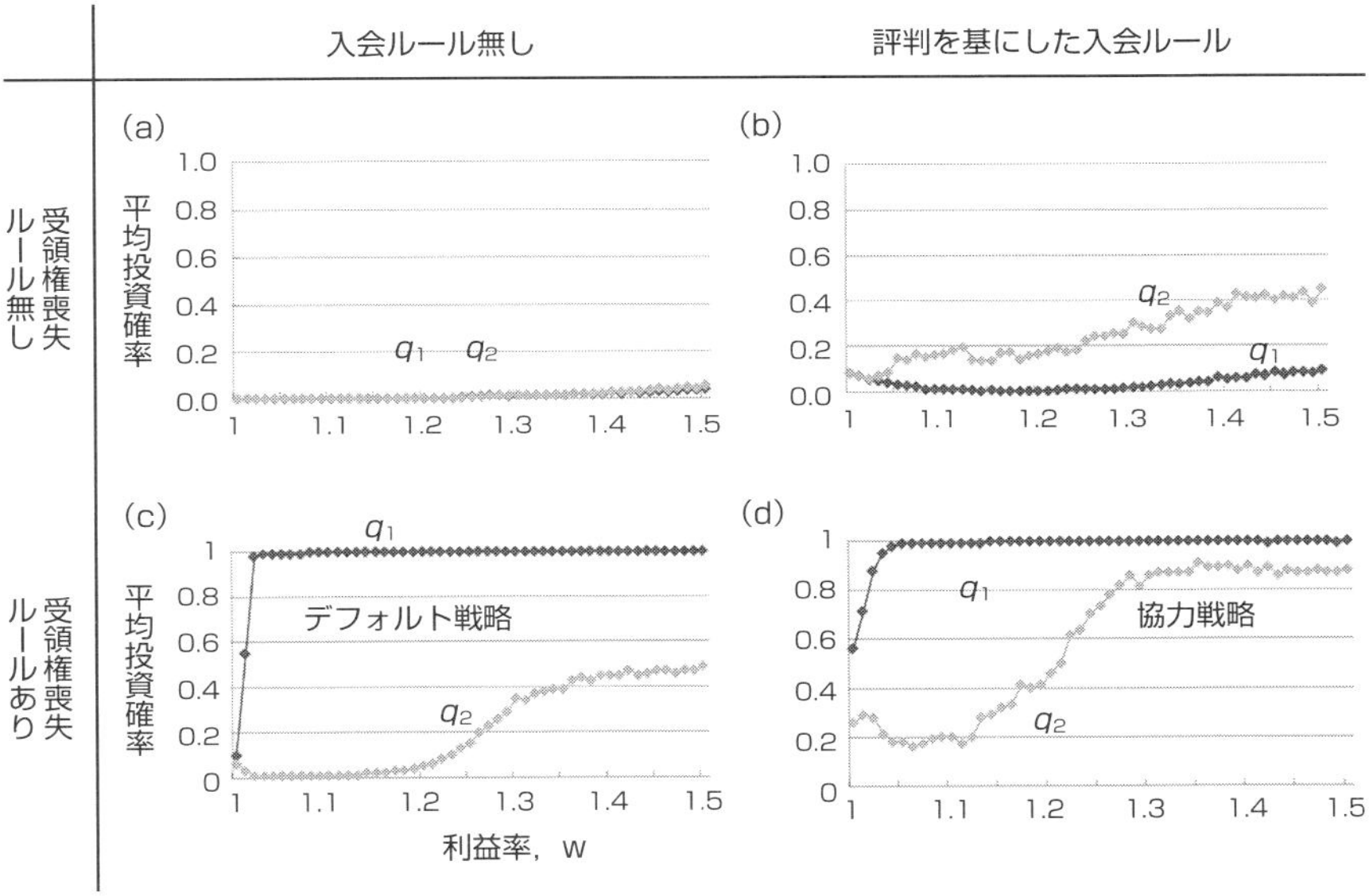

二つのルールと投資確率の関係：

(a)-(d)：横軸は利益率 w，縦軸は平均投資確率 q_1，q_2 である。濃灰色は q_1，薄灰色は q_2 を示す。$N=100$，$m=5$，$r=20$，$x=1$，$u=0.005$ である。(a) 基本モデルの結果。(b) 基本モデルに，評判を基にした入会ルールを加味した場合。(c) 基本モデルに受領権喪失ルールを加えた場合。(d) 基本モデルに，評判を加味した入会ルールと受領件喪失ルールを加えた場合。q_1 が高く，q_2 が低いプレーヤーはデフォルト〈(c) を見よ〉，q_1，q_2 とも高い場合は常に出資する協力者となる〈(d) で，w の高い時〉。

図 9-6　頼母子講のシミュレーション

資金受領後の出資確率については、低いプレーヤーの方が利得は高くなるため、結局はデフォルト（$q_1 = 1$, $q_2 = 0$）ばかりになってしまいました。

最後に基本モデルに参加者選別のルールと受領権喪失ルールの両方を加えたモデルの社会シミュレーションを行いました。結果は**図9-6**（*d*）のとおり、常に出資する人（$q_1 = 1$, $q_2 = 1$）で集団が占められるようになりました。このことから、講の仕組みが効果的に機能するには、参加者選別のルールに加えて受領権喪失ルールが必要だということがわかりました。

また、今回のモデルでは頼母子講を抽象化し、回転非分割財ゲームを提案しました。このゲームは経済学者のサグデンが提案した「相互援助ゲーム」と似た構造であることがわかりました。[12] また、サグデンの着目した制裁ルールは、受領権喪失ルールに当たります。相互援助ゲームは19世紀から20世紀初頭のイングランドの労働者によって運営された共済組合や健康組合をモデル化したものです。このような協同組合運動がドイツに渡り、信用組合が生まれました。[11] 日本の信用組合のルーツはドイツにありますが、近世の日本にも同じような組織がありました。これらは講と同じ精神から発しています（2節を参照）。つまり、頼母子講の社会シミュレーションは単に頼母子講の理解を深めるためだけのモデルではなく、信用組合や労働組合の研究、そして金融システムの研究にも繋がることもわかりました。そしてそれらの根底にある理念は「縁」と「相互扶助」なのです。

5　おわりに

日本の社会では古くから、頼母子講のような相互扶助の仕組みが縁をもとに作られ、また、縁を維持してきたと筆者は考えています。縁を再生するためのヒントを探るために、執筆者は社会シミュレーションという手法を用いて頼母子講を解析しました。[6] この結果、参加者選別のルールと受領権喪失ルールがあってはじめて頼母子講の仕組みが維持されることがわかりました。

本書のテーマである「縁」という言葉を使ってこの結果を説明したいと思います。縁があると、それをもとに参加者の選別が可能になります。また、縁を使うことで、参加者の懐具合がわかります。つまり他者のモニタリングも可能になり、受領権喪失ルールが効力をもちます。端的にいえば「縁」を活用することで相互扶助が生じ、頼母子講という資金を融通しあう仕組みが可能になるのです。もし参加者の選別や受領権喪失ルールが無い場合は、誰でも頼母子講のメンバーになれますが、デフォルトをしても誰からも制裁を受けることはありません。つまり、「縁」が活用されない状況では相互扶助の関係は作れず、頼母子講という仕組みは成り立たないのです。

本章のコンピュータ・シミュレーションでは縁があれば講が成立することを示しましたが、講が人々の縁をつなぐ切掛けになっていることまでを示していません。しかし2節でも紹介をしたように、聞き取り調査をする限りは、講のような組織が縁を作り、縁を保つ切掛けになっていることがわかります。しかし「ただ」では縁は生じないのです。これは、初めに紹介したシェアハウスが「賃貸料や住宅設計にかかわる時間」というコストを余分に払って縁を作ったり、昔ながらの講では自分の仕事や余暇を犠牲にして会食に参加したり、冠婚葬祭に際しては仲間内で労力を提供することからも示されます。信頼や信用を制裁と監視のコストをかけながら自分たちで保っていくのか、それとも対価を支払いサービスとして享受するのか、どちらもコストをかけていることには違いはありません。コストをかけることで始めて縁は保たれるのです。

またこのモデルでは、プレーヤーが相互扶助をすることで、縁を作るための材料や情報を提供するということは再現されています。その情報とは、誰がどの程度協力的であったかの指標、つまり評判のことです。しかし、全員がその評判を知っており、その評判を重要視するという前提があって始めて評判は縁作りのための助けをします。では、皆が皆の評判を知っていて、評判を重要視するための条件とは何でしょうか。一つの答えとしては村社会があります。[2][1] しかし、「はじめに」で述べたよう、都会の居心地よさに慣れてしまった人々は様々な拘束がある村社会には戻れません。このまま無縁社会の中を生きるしかないのでしょうか。

「無縁社会」では相互扶助の関係が薄れていくことが考えられます。それは、相互扶助のためには縁が必要で、縁をつくるためには相互扶助を続けていくことが必要だからです。どちらが卵か鶏かわかりません。かといって講のような組織を町内に無理矢理作ったとしても、講のために自分の時間を使いたいと思う人はあまりいないために機能しないでしょう。そこで現在の生活スタイルに合うようにして、縁を作り相互扶助を続けていく取り組みはすでに始まっています。シェアハウスはその一つですが、他の例としては地域通貨がありま す。[8] 地域通貨は特定の地域や目的に対してのみ使える通貨でクーポン券のようなものと考えられています。これを地域内の相互扶助の媒介として利用し、その地域内で助けの必要な人を助けると地域通貨が支払われ、他人の助けが必要なときにその地域通貨を支払うという仕組みで運用されているものもあります。個人間の縁を介さずとも、単に地域通貨を利用することで相互扶助が成り立つという点で、多くの人が集まる都会でも利用可能な仕組みと考えられます。地域通貨による相互扶助の促進は必ず成功するわけではありませんが、大都市で利用されているものとしては、東京都渋谷のアースデイマネーがあります〔http://www.earthdaymoney.org/〕。この地域通貨はＮＰＯアースデーマネー・アソシエーションによって運営されています。たとえば、あるＮＰＯが渋谷駅周辺のごみ拾いを行い、その活動に参加した人にアースデイマネーを配布します。アースデイマネーは、渋谷駅周辺で活動に協賛しているカフェ等で飲食代の一部として使うことができます。この例では、アースデイマネーは個人間の相互扶助ではなく、地域の美化への貢献の証として地域通貨が貰えます。つまり、公共財へ労力を投資した人へ地域通貨を与えているのです。このように地域の美化や福祉、もしくは芸術などアースデイマネーに協賛する様々な活動を一つにつなげられるというのも地域通貨の特徴です。

筆者は地域通貨という制度が成功するための条件を探った社会シミュレーションも行っています。筆者の結果では、ある人が他人をどの程度助けたのかが明確になるシステムが地域通貨制度に備わっていると、地域通貨によって相互扶助が促進されることを解明しました。(7)この研究では地域通貨制度の運営・維持コストを仮定していません。

しかし、実際に地域通貨制度を維持するためには運営・維持のコストを計算にいれなければなりません。第１、２節で紹介した組織も同様に運営コストがかかります。つまり、今の世の中では縁を育むには、講のように参加者が平等にコストを負担するのではなく、特定の組織がボランティアあるいは職業として運営コストを負担し、企業からの広告宣伝を介した協賛や市民の社会的投資によってそれを賄う方向に向かっていくのではないかと思います。そして、これが現代の私たちのライフスタイルにあったやり方なのかもしれません。今後の動向を踏まえつつ、執筆者の社会シミュレーション研究をこれからもっと発展させ、脱・無縁社会を探る研究に繋げていきたいと思います。

推薦図書

中丸麻由子『進化するシステム』ミネルヴァ書房、２０１１年。

大学院生や進化シミュレーションとは何かを知りたい研究者を想定して書かれた本です。社会シミュレーションとは何か、その一つである進化シミュレーションとは何か、そして進化シミュレーションによってどのように社会の研究をしていくのかを知ることができます。著者の研究を例にしてシミュレーションのアルゴリズムを説明し、各研究の長所・短所も説明していますので、進化シミュレーションによる社会モデル研究を批判的に読む訓練にもなります。

文献

第3章

（1）石田光規『孤立の社会学──無縁社会の処方箋』勁草書房、二〇一一年。
（2）磯村英一・吉冨重夫・米谷栄二編『人間と都市環境1　大都市中心部』鹿島出版会、一九七五年。
（3）過疎対策研究会『過疎対策データブック──平成十九年度過疎対策の現況』二〇一一年。
（4）黒岩亮子「高齢者の〈孤立〉に対する福祉政策の変遷」『社会福祉』四九巻、二〇〇八年、五九-七七頁。
（5）黒岩亮子「地域福祉政策──コミュニティの活性化による孤独死対策の課題」『中沢卓実・結城康博（編）孤独死を防ぐ──支援の実際と政策の動向』ミネルヴァ書房、二〇一二年、一五四-一八五頁。
（6）NHK「無縁社会プロジェクト」取材班編著『無縁社会──〝無縁死〟三万二千人の衝撃』文藝春秋、二〇一〇年。
（7）NHKスペシャル取材班・佐々木とく子『ひとり誰にも看取られず──激増する孤独死とその防止策』阪急コミュニケーションズ、二〇〇七年。
（8）額田勲『孤独死──被災地神戸で考える人間の復興』岩波書店、一九九九年。
（9）大野晃『山村環境社会学序説──現代山村の限界集落化と流域共同管理』農文協、二〇〇五年。
（10）臼井恒夫「地域福祉の現状と地域福祉政策の課題」松野弘・土岐寛・徳田賢二編『現代地域問題の研究──対立的位相から協働的位相へ』ミネルヴァ書房、二〇〇九年、一二九-一五四頁。
（11）若林幹夫『郊外の社会学──現代を生きる形』ちくま新書、二〇〇七年。
（12）山本質素・中島とみ子「地域文化の変容と文化政策の転換──〈ふるさと文化〉と〈民俗文化〉」松野弘・土岐寛・徳田賢二編『現代地域問題の研究──対立的位相から協働的位相へ』ミネルヴァ書房、二〇〇九年、九一-一二八頁。
（13）山本努『現代過疎問題の研究』恒星社厚生閣、一九九九年。

第4章

（1）藤森克彦『単身急増社会の衝撃』日本経済新聞出版社、二〇一〇年。
（2）国立社会保障・人口問題研究所編『日本の世帯数の将来推計（全国推計）――二〇一三年一月推計』二〇一三年。
（3）国立社会保障・人口問題研究所編『日本の将来人口推計――二〇一二年一月推計』二〇一二年。
（4）港区社会福祉協議会『港区におけるひとり暮らし高齢者の生活実態と社会的孤立に関する調査報告書』二〇〇六年。
（5）内閣府『平成17年度世帯類型に応じた高齢者の生活実態等に関する意識調査結果（全体版）』二〇〇五年。
（6）総務省『平成22年国勢調査職業等基本集計』第31表、二〇一三年。
（7）総務省『平成22年国勢調査 第1次基本集計 全国結果』二〇一一年。
（8）総務省ＨＰ『国勢調査』（時系列データ）第４表、二〇一一年。
（9）総務省『平成20年住宅・土地統計調査（確報集計）』二〇一〇年。
（10）総務省『平成17年国勢調査特別集計』第８表、二〇〇八年。
（11）総務省『平成10年住宅・土地統計調査』一九九九年。

第5章

（1）橘木俊詔『無縁社会の正体――血縁・地縁・社縁はいかに崩壊したか』ＰＨＰ研究所、二〇一一年。

第6章

（1）Baumeister, R. F., DeWall, C. N., Ciarocco, N. J. & Twenge, J. M. (2005) Social exclusion impairs self-regulation. *Journal of Personality and Social Psychology*, **88**, 589–604.
（2）Cohen, S., & Wills, T. A. (1985) Stress, social support, and the buffering hypothesis. *Psychological Bulletin*, **98**, 310–357.
（3）Eng, P.M., Rimm, E. B., Fitzmaurice, G., & Kawachi, I. (2002) Social ties and change in social ties in relation to subsequent total and cause-specific mortality and coronary heart disease incidence in men. *American Journal of Epidemiology*, **155**, 700–709.

（4） Harber, K. D., Einev-Cohen, M., & Lang, F. (2008) They heard a cry: Psychosocial resources moderate perception of others' distress. *European Journal of Social Psychology*, **38**, 296-314.

（5） 苅谷剛彦『階層化日本と教育危機―不平等再生産から意欲格差社会（インセンティブ・ディバイド）へ』有信堂高文社、二〇〇一年。

（6） Kawachi, I., Kennedy, B. P., Lochner, K., & Prothrow-Stith, D. (1997) Social capital, income inequality, and mortality. *American Journal of Public Health*, **87**, 1491-1498.

（7） 厚生労働省「平成23年版厚生労働白書 本編図表バックデータ」二〇一一年〔http://www.mhlw.go.jp/wp/hakusyo/kousei/11/backdata/data/1/23010210.xls〕

（8） Leary, M. R. & Baumeister, R. F. (2000) The nature and function of self-esteem: Sociometer theory. In M. P. Zanna (Ed.) *Advances in Experimental Social Psychology*, vol. 32, 1-62.

（9） Leary, M. R., Twenge, J. M., & Quinlivian, E. (2006) Interpersonal rejection as a determinant of anger and aggression. *Personality and Social Psychology Review*, **10**, 111-132.

（10） Lochner, K., Pamuk, E., Makuc, D., & Kennedy, B. P. Kawachi, I. (2001). State-Level Income Inequality and Individual Mortality Risk: A Prospective, Multilevel Study. *American Journal of Public Health*, **91**, 1491-1498.

（11） 内閣府「第8回世界青少年意識調査」内閣府、二〇〇九年〔http://www8.cao.go.jp/youth/kenkyu/worldyouth8/html/mokuji.html〕

（12） 内閣府「社会意識に関する世論調査（平成25年度版）」内閣府、二〇一四年〔http://www8.cao.go.jp/survey/h25/h25-shakai/index.html〕

（13） 内閣府「平成25年版高齢者白書」内閣府、二〇一四年〔http://www8.cao.go.jp/kourei/whitepaper/w2014/zenbun/26pdf_index.html〕

（14） Norman, G. J., Hawkley, L. C., Cole, S. W., Berntson, G. G., & Cacioppo, J. T. (2012) Social neuroscience: The social brain, oxytocin , and health. *Social Neuroscience*. **7**, 18-29.

（15） 斎藤嘉孝「社会的サポート」近藤克則（編）『検証「健康格差社会」――介護予防に向けた社会疫学的大規模調査』医学書院、二〇〇八年、九一-九七頁。

（16） Schollgen, I., Huxhold, O., Schuz, B., & Tesch-Romer, C. (2011) Resources for Health: Differential Effects of Optimistic Self-Beliefs and Social Support According to Socioeconomic Status. *Health Psychology*, **30**, 326-335.

(17) Seeman, T. E., Berkman, L. F., Gulanski, B. I., Robbins, R. J., Greenspan, S. L., Charpentier, P. A., & Rowe, J. W. (1995) Selfesteem and neuroendocrine response to challenge: MacArthur studies of successful aging. *Journal of Psychosomatic Research*, **39**, 69–84.
(18) 総務省「高齢者の社会的孤立の防止対策等に関する行政評価・監視」二〇一三年〔http://www.soumu.go.jp/main_content/000142076.pdf〕
(19) 田淵　恵・三浦麻子「高齢者の利他的行動場面における世代間相互作用の実験的検討」『心理学研究』二〇一四年、八四号六三二–六三八頁。
(20) 浦　光博『排斥と受容の行動科学――社会と心が作り出す孤立』サイエンス社、二〇〇九年。
(21) 浦　光博「孤立を生み出す社会から互いに支え合う社会へ――新たなサポートシステムの構築に向けて」(編著)『ケアとサポートシステム』ミネルヴァ書房、二〇一四年。
(22) 浦　光博「対人関係の有無は人に何をもたらすのか――「ソーシャル・サポートと排斥の社会心理学」の視角から」高木　修監修『社会心理学の新展開――社会に生きる人々の心理と行動（シリーズ21世紀の社会心理学）』北大路書房、二〇一四年。
(23) 山田昌弘「希望格差社会――『負け組』の絶望感が日本を引き裂く」筑摩書房、二〇〇四年。
(24) 湯浅　誠『反貧困――「すべり台社会」からの脱出』岩波書店、二〇〇八年。

第7章

(1) Allport, G. W. (1961) *Pattern and growth in personality*. Holt, Rinehart and Winston: New York.〔オルポート・G・W『人格心理学（上下）』今田　恵監訳、誠信書房、一九六八年〕
(2) 安藤孝敏・長田久雄・児玉好信「孤独感尺度の作成と中高年における孤独感の関連要因」『横浜国立大学教育人間科学部紀要Ⅲ（社会科学）』三号、二〇〇〇年、一九–二七頁。
(3) Baltes, P. B. (1987) Theoretical propositions of Lifespan development psychology : On the dynamics between growth and decline. *Developmental Psychology*, **23**, 611–626.
(4) Baltes, P. B., Reese, H. W. & Lipsitt, L. P. (1989) Lifespan development psychology. *Annual Review of Psychology*, **31**, 65–100.
(5) Baltes, P. B., Baltes, M. M. (1990) Psychological perspectives on successful aging: The model of selective optimization

with compensation. In P. B. Baltes & M. M. Baltes (Eds.) *Successful aging: Persectives from the behavioral sciences.* The Press Syndicate of the University of Cambridge: New York. 1–34.

(6) Butler, R. N. (2001) Ageism In G. L. Maddox. (Ed.) *The encyclopedia of aging: A comprehensive resource in gerontology and geriatrics (3rd)*. Springer Publishing Company: New York. 38–39.

(7) 池内朋子・長田久雄「社会情動的選択性理論の研究に関する文献的展望——時間的展望を中心として」『応用老年学』七号、二〇一三年、五一-五九頁。

(8) 石原　治「高齢者の記憶」太田信夫・多鹿秀継編著『記憶研究の最前線』北大路書房、二〇〇〇年、二六七-二八三頁。

(9) 川崎友継・佐藤真一・長田由紀子・井上勝也「〈スープのさめない距離〉の評価にみられる世代差の検討」『老年社会科学』一一号、一九八九年、二一八-二三四頁。

(10) Lawton, M. (1991) A multidimensional view of quality of life in frail elders. In J. E. Birren, J. E. Lubben, J.C.Rowe, & D. E. Deutchman (Eds.) *The concept and measurement of quality of life in the frail elderly.* 3–27.

(11) 落合良行「孤独感の類型判別尺度（ＬＳＯ）の作成」『教育心理学研究』三一号、一九八三年、三三二-三三六頁。

(12) 大川一郎「老年期の認知機能——知的能力を中心として」井上勝也・木村周編『新版老年心理学』朝倉書店、一九九三年、一九-三七頁。

(13) 長田久雄・原慶子・荻原悦雄・井上勝也「老人の孤独に関する心理学的研究」『老年社会科学』一〇号、一九八一年、一一一-一二四頁。

(14) 長田久雄・井上勝也「ホーム在住老人の孤独に関する心理学的研究」『社会老年学』一五号、一九八二年、七四-八三頁。

(15) 長田久雄「高齢者の感覚と知覚」井上勝也・木村　周編『新版老年心理学』朝倉書店、一九九三年、一-一八頁。

(16) Peplau, L. A., & Perlman, D. (1982) Perspectives on loneliness. In L. A. Peplau D. Perlman (Eds.) *Loneliness: A sourcebook of current theory, research and therapy.* John Wiley and Sons: New York. 1–18.

(17) Rowe, J. W. Kahn, R. L. (1998) *Successful Aging.* A Dell Trade Paperback: New York.

(18) Russell, D., Peplau, L. A., & Cutrona, C. E. (1980) The Reviced UCLA Loneliness Scale: Concurrent and discriminant validity evidence. *Journal of Personality and Social Psychology*, **39**, 472–480.

(19) 柴田　博「サクセスフル・エイジング」柴田　博・長田久雄・杉澤秀博編『老年学要論』建帛社、二〇〇七、五五-六一頁。

(20) 杉澤秀博「高齢期の社会関係を捉える——概念と測定」柴田　博・長田久雄・杉澤秀博編『老年学要論』建帛社、二〇〇七年、二〇七-二一七頁。

第8章

（1） 安部雅延「フランスの街角から——熱中症でなくなる独居老人」二〇一三年〔http://www.worldtimes.co.jp/mem2/france/pa130728.html〕

（2） 赤羽克子・高尾公矢「過疎地の高齢化と福祉のまちづくり：熊本県産山村の事例」『聖徳大学生涯学習研究所紀要』七号、二〇〇九年、三一‐三七頁。

（3） Aldwin, C. M., Sutton, K. J., Chiara, G., & Spiro III, A. (1996) Age differences in stress, coping, and appraisal: Findings from the Normative Aging Study. *Journal of Gerontology: Psychological Sciences*, **51**, 179–188.

（4） 朝日新聞「〈阪神大震災の仮設住宅孤独死〉２３３人」二〇〇〇年一月十四日。

（5） Carol, M. (2011) Joyce Carol Vincent: How could this young woman lie dead and undiscovered for almost three years?〔http://www.theguardian.com/film/2011/oct/09/joyce-vincent-death-mystery-documentary〕

（6） Cattan, M, White, M, Bond, J., & Learmouth, A. (2002) Preventing social isolation and loneliness among older people: A systematic review of health promotion interventions. *Ageing & Society*, **25**, 41–67.

（7） 朝鮮日報「孤独死増える日本、あすの韓国の姿」八月二日日本語版、二〇一一年〔http://d.hatena.ne.jp/bluetears_osaka/20110804/1312423366〕

（8） ダイバーシティ研究所「過去の震災に学ぶ　仮設住宅コミュニティ支援」二〇一一年〔http://www.diversityjapan.jp/d_fukko/research/hanshin02.html〕

（9） Due, P., Holstein, B., Lund, R., Modvig, J. & Avlund,K. (1999) Social relations: Network, support and relational strain. *Social Science & Medicine*, **48**, 661–673.

（10） 藤原佳典「高齢者の安否確認と孤立死予防策」稲葉陽二・藤原佳典編著『ソーシャル・キャピタルで解く社会的孤立——重層的予防策とソーシャルビジネスへの展望』ミネルヴァ書房、二〇一三年、一六四‐一八〇頁。

（11） Fukue, N. (2010) Neighbors, more than kin, face onus of keeping tabs on seniors. *Japan Times* (July 21).

（12） Fukukawa, Y. (2011) Solitary death: A new problem of an aging society in Japan. *Journal of the American Geriatrics Society*, **59**, 174–175.

（13） 福川康之・川口一美「孤独死の発生ならびに予防対策の実施状況に関する全国自治体調査」『日本公衆衛生雑誌』五八号、二〇一一年、九五九‐九六六頁。

(14) 兵庫県「阪神・淡路大震災の死者にかかる調査について」（記者発表）二〇〇五年〔http://web.pref.hyogo.jp/pa20/pa20_000000016.html〕

(15) 一条真也『隣人の時代――有縁社会のつくり方』三五館、二〇一一年。

(16) 市川　愛『孤独死の作法』ＫＫベストセラーズ、二〇一二年。

(17) 石井　晋「20世紀日本の都市化と産業発展」『学習院大学経済経営研究所年報』二〇号、二〇〇六年、一―二九頁。

(18) 岸　恵美子『ルポ　ゴミ屋敷に棲む人々――孤立死を呼ぶ「セルフ・ネグレクト」の実態』幻冬舎、二〇一二年。

(19) 国立社会保障・人口問題研究所「日本の世帯数の将来推計（全国推計）」二〇一三年〔www.ipss.go.jp/pp-ajsetai/j/HPRJ2013/gaiyo_20130115.pdf〕（二〇一三年一月一〇日）

(20) 小辻寿規・小林宗之「孤独死報道の歴史」*Core Ethics*, **7**, 121-130.

(21) 神戸新聞「61人、60歳以上が９割　災害復興公営住宅の独居死」二〇一三年一月一二日。

(22) 高齢者等が一人でも安心して暮らせるコミュニティづくり推進会議「報告書」二〇〇八年〔http://www.mhlw.go.jp/houdou/2008/03/dl/h0328-8a.pdf〕

(23) Lee, G. R., DeMaris, A., Bavin, S., & Sullivan, R. (2001) Gender differences in the depressive effect of widowhood in later life. *Journal of Gerontology: Social Sciences*, **56**, S56-S61.

(24) 毎日新聞「孤独死：統計、３県のみ　国基準なく把握進まず」二〇一二年九月二日。

(25) 松村　明・三省堂編集所『大辞林　第三版』三省堂、二〇〇六年。

(26) 内閣府「平成22年度第７回高齢者の生活と意識に関する国際比較調査結果」二〇一一年〔http://www8.cao.go.jp/kourei/ishiki/h22/kiso/zentai/〕

(27) 内閣府「平成25年版高齢社会白書」二〇一三年〔http://www8.cao.go.jp/kourei/whitepaper/w-2013/zenbun/25pdf_index.html〕

(28) 内藤三義「仮設住宅における生活実態」岩崎信彦・鵜飼孝造・浦野正樹・辻勝次・似田貝香門・野田隆・山本剛郎編『阪神・淡路大震災の社会学　第二巻』昭和堂、一九九九年、二七三頁―二八六頁。

(29) 中沢卓実「常盤平団地が〈孤独死ゼロ作戦〉に挑む」中沢卓実・淑徳大学孤独死研究会共編『団地と孤独死』中央法規、二〇〇八年、i―ii頁。

(30) 中沢卓実「〈ないないづくし〉が孤独死予備軍」中沢卓実・結城康博編著『孤独死を防ぐ――支援の実際と政策の動向』ミネルヴァ書房、二〇一二年、一五四―一八五頁。

(31) NHK無縁社会プロジェクト取材班『無縁社会――無縁死3万2千人の衝撃』文藝春秋、二〇一〇年。
(32) 西　真理子「孤立予防プログラムの開発――介護予防体操活動のネットワークの活用」稲葉陽二・藤原佳典編著『ソーシャル・キャピタルで解く社会的孤立――重層的予防策とソーシャルビジネスへの展望』ミネルヴァ書房、二〇一三年、一九八―二一七頁。
(33) ニッセイ基礎研究所「平成22年度老人保健健康増進等事業　セルフ・ネグレクトと孤立死に関する実態把握と地域支援のあり方に関する調査研究報告書」二〇一一年。
(34) 新田雅子「〈孤独死〉あるいは〈孤立死〉に関する福祉社会学的考察――実践のために」『札幌学院大学人文学会紀要』九三号、二〇一三年、一〇五―一二五頁。
(35) 額田　勲『孤独死　被災地神戸で考える人間の復興』岩波書店、一九九九年。
(36) 小川晃子「大学と地域が連携して過疎地の孤独死を防止へ」『月間地域づくり』二二四号、二〇〇八年〔http://www.chiiki-dukuri-hyakka.or.jp/book/monthly/0802/html/t03.html〕
(37) 大野　晃「山村環境社会学序説　現代山村の限界集落化と流域共同管理」農山漁村文化協会、二〇〇五年。
(38) 大澤資樹「山形県における孤独死の実態」『日本警察医会雑誌』一号、二〇〇六年、三四―三七頁。
(39) ペリファン、A・南谷桂子『隣人祭り』木楽舎、二〇〇八年。
(40) 下開千春「全国の自治体における緊急通報システムの実態と課題」*Life Design Report*, **138**, 26–47.
(41) Shostak. A. B. (2007) Japan's approach to aging and dying: Longer lives and fewer family ties mean more people will age and die alone. *The Futurist*, **41**, 8.〔http://www.wfs.org/Sept-Oct07%20files/Trend2so07.htm〕
(42) 総務省「平成22年国勢調査」二〇一一年〔http://www.e-stat.go.jp/SG1/estat/List.do?bid=000001037709&cycode=0〕
(43) 総務省「統計からみた我が国の高齢者（65歳以上）　報道資料」二〇一三年〔http://www.stat.go.jp/data/topics/pdf/topics72.pdf〕
(44) 高橋知香子・塩崎賢明・堀田裕三子「応急仮設住宅と災害復興公営住宅における孤独死の実態と居住環境に関する研究」『日本建築学会学術講演梗概集』二〇〇五年、一五一三―一五一四頁。
(45) 高橋信行「ひとり暮らし高齢者の社会的孤立：地方都市、過疎地域、離島における実態」『地域総合研究』四〇号、二〇一二年、一―一七頁。
(46) 高尾公矢「孤独死の社会学――千葉県常盤平団地の事例を手がかりとして」『社会学論叢』一六一号、二〇〇八年、一九―四一頁。

(47)　東京新聞「東日本大震災2年半　いばらの復興　孤独死81人　避難28万人」二〇一三年九月一一日〔http://www.tokyo-np.co.jp/article/feature/tohokujisin/list/CK2013091102100025.html〕
(48)　東京都監察医務院「東京都23区内における孤独死統計（平成24年）」二〇一三年〔http://www.fukushihoken.metro.tokyo.jp/kansatsu/〕
(49)　上田智子・上原英正・加藤佳子・志水暎子・伊藤和子・森　扶由彦・藤原秀子・川角真弓「孤独死（孤立死）の定義と関連する要因の検証及び思想的考究と今後の課題」『名古屋経営短期大学紀要』五一号、二〇一〇年、一〇九–一三一頁。
(50)　上野千鶴子『男おひとりさま道』法研、二〇〇九年。
(51)　Wirth, L. (1938) Urbanism as a way of life. *American Journal of Sociology*, **44**, 1–24.
(52)　矢部　武『一人で死んでも怖くない――「自立死」先進国アメリカ』新潮社、二〇一二年。
(53)　吉田太一『遺品整理屋は見た――孤立死、自殺、殺人……あなたの隣の〈現実にある出来事〉』扶桑社、二〇〇六年。

第9章

(1)　Ardener, S. (1964) The comparative study of rotating credit associations. *Journal of the Royal Anthropological Institute of Great Britain and Ireland*, **94**, 201–29.
(2)　Coleman, J. S. (1990) *Foundations of Social Theory*. Belknap/Harvard University Press, Cambridge〔コールマン・J・S『社会理論の基礎』久慈利武 監訳、青木書店、二〇〇四年〕
(3)　藤井良広『金融ＮＰＯ』岩波新書、二〇〇七年。
(4)　Geertz, C. (1962) The rotating credit association: a “middle rung” in development. *Economic Development and Cultural Change*, **10**, 241–263.
(5)　香川孝三「第二章　労働力送り出し国としてのベトナム」『福島大学ブックレット　21世紀の市民講座　No. 1　外国人労働者と地域社会の未来』公人の友社、二〇〇八年。
(6)　Koike, S., Nakamaru, M. & Tsujimoto, M. (2010) Evolution of cooperation in rotating indivisible goods game. *Journal of theoretical biology*, **264**, 143–153.
(7)　小池心平、中井　豊、中丸麻由子　準備中
(8)　西部　忠編『地域通貨』ミネルヴァ書房、二〇一三年。

（9）　Nowak, M. A. & Sigmund, K. (1998) Evolution of indirect reciprocity by image scoring. *Nature*, **393**, 573–577.

（10）　President Online「驚愕！「無尽」をファイナンスに活用」〔http://president.jp/articles/-/5192?page=2/〕

（11）　Putnam, R. D. (1993) *Making Democracy Work: Civic Traditions in Modern Italy*. Princeton: Princeton University Press.〔パットナム・R・D『哲学する民主主義――伝統と改革の市民的構造』河田潤一訳、ＮＴＴ出版、二〇〇一年〕

（12）　Sugden, R. (2004) *The economic of rights, co-operation and welfare* (2nd). London: Palgrave Macmillan.〔サグデン・R『慣習と秩序の経済学』友野典男訳、日本評論社、二〇〇八年〕

（13）　辻本昌弘、國吉美也子、與久田巌「沖縄の講集団にみる交換の生成」『社会心理学研究』二三号、二〇〇七年、一六二–一七二頁。

（14）　吉原毅『信用金庫の力』岩波ブックレット、二〇一二年。

■索引

な行

は行

ま行

や行

ら行

わ行

■編著者紹介

髙木　修（たかぎ　おさむ）

１９４０年生まれ
１９６５年　京都大学文学部哲学科心理学専攻卒業
１９７０年　京都大学大学院文学研究科心理学専攻谷取得満期退学
現　在　関西大学名誉教授
著　書　『おもいやりはどこから来るの？』　２０１４年　誠信書房、「シリーズ21世紀の社会心理学」（監修）　北大路書房、『セレクション社会心理学７　人を助ける心――援助行動の社会心理学』　１９９８年　サイエンス社、『社会心理学への招待――若者の人間行動学』（編）　１９９５年　有斐閣

竹村　和久（たけむら　かずひさ）

１９６０年生まれ
１９８３年　同志社大学文学部文化学科心理学専攻卒業
１９８８年　同志社大学大学院文学研究科心理学専攻単位取得満期退学
現　在　早稲田大学文学学術院教授
著　書　『誠信心理学辞典［新版］』（共編著）　２０１４年　誠信書房、『心理学のあたらしいかたち８　社会心理学の新しいかたち』（編著）　２００４年　誠信書房、『対人行動学研究シリーズ４　感情と行動・認知・生理』（共編）　１９９６年　誠信書房、Behavioral Decision Theory: Psychological and Mathematical Descriptions of Human Choice Behavior, 2014, Springer

■執筆者紹介

【編者はじめに】

髙木　修（たかぎ　おさむ）
竹村　和久（たけむら　かずひさ）
編者紹介参照

【第１章】

板垣　淑子（いたがき　よしこ）

１９７０年生まれ
１９９４年　東北大学法学部卒業
現　在　ＮＨＫ大型企画開発センターチーフ・プロデューサー
主な担当番組　ＮＨＫスペシャル「ワーキングプア～働いても豊かになれない～」（２００７年放送　ギャラクシー大賞受賞）、ＮＨＫスペシャル「無縁

社会～無縁死3万2千人の衝撃～」（２０１０年放送 菊地寛賞受賞）

【第2章】
板倉 弘政（いたくら ひろまさ）
１９７４年生まれ
１９９７年 早稲田大学教育学部卒業
現 在 ＮＨＫ報道局社会部副部長
著 書 『無縁社会』（共著）２０１３年 文藝春秋社、『ヤクザマネー』（共著）２００８年 講談社、『ワーキングプア――日本を蝕む病』（共著）２００７年 ポプラ社

【第3章】
石田 光規（いしだ みつのり）
１９７３年生まれ
２００８年 東京都立大学大学院社会科学研究科社会学専攻博士学位取得（社会学）
現 在 早稲田大学文学学術院准教授
著 書 『ソーシャルキャピタルで読み解く社会的孤立』（共著）２０１３年 ミネルヴァ書房、『パーソナル・ネットワーク論』（共著）２０１２年 放送大学教育振興会、『孤立の社会学』２０１１年 勁草書房

【第4章】
藤森 克彦（ふじもり かつひこ）
１９６５年生まれ
１９９２年 国際基督教大学大学院行政学研究科卒業
現 在 みずほ情報総研主席研究員
著 書 『単身急増社会の衝撃』２０１０年 日本経済新聞出版社、『マニフェストで政治を育てる』（共著）２００４年 雅粒社、『構造改革ブレア流』２００２年 ＴＢＳブリタニカ

【第5章】
橘木 俊詔（たちばなき としあき）
１９４３年生まれ
１９７３年 ジョンズ・ホプキンス大学大学院博士学位取得
現 在 京都大学名誉教授、京都女子大学客員教授
著 書 『公立と私立』２０１４年 ＫＫベストセラーズ、『ニッポンの経済学部――「名物教授」と「サラリーマン予備軍」の実力』２０１４年 中公新書ラクレ、『実学教育改革論』２０１４年 日本経済新聞出版社

【第6章】
浦　光博（うら　みつひろ）
1956年生まれ
1984年　関西大学大学院社会学研究科社会学専攻博士課程単位取得退学
現　在　追手門学院大学心理学部教授
著　書　『個人のなかの社会』（共編著）2010年　誠信書房、『排斥と受容の行動科学――社会と心が作り出す孤立』2009年サイエンス社

【第7章】
長田　久雄（おさだ　ひさお）
1951年生まれ
1979年　早稲田大学大学院心理学研究科博士課程修了
現　在　桜美林大学大学院老年学研究科教授
著　書　『家族のココロを軽くする認知症介護お悩み相談室』2014年　中央法規、『心ふれあう「傾聴」のすすめ』2008年　河出書房新社、『老年学要論――老いを理解する』2007年　建帛社

【第8章】
福川　康之（ふくかわ　やすゆき）
1967年生まれ
1998年　早稲田大学大学院文学研究科心理学専攻博士課程単位取得退学
現　在　早稲田大学文学学術院教授
著　書　『人間関係の生涯発達心理学』（共著）2014年　丸善出版、『老化とストレスの心理学』2007年　弘文堂、『朝倉心理学講座19　ストレスと健康の心理学』（共著）2006年　朝倉書店

【第9章】
中丸　麻由子（なかまる　まゆこ）
1971年生まれ
1998年　九州大学大学院理学研究科生物学専攻博士課程単位取得退学
1999年　理学博士取得
現　在　東京工業大学大学院社会理工学研究科准教授
著　書　『シリーズ社会システム学4　進化するシステム』2011年　ミネルヴァ書房

【第9章】
小池　心平（こいけ　しんぺい）
1984年生まれ
2009年　東京工業大学大学院社会理工学研究科価値システム専攻修士課程修了
現　在　東京工業大学大学院社会理工学研究科価値システム専攻博士課程在学中

心理学叢書《しんりがくそうしょ》
無縁社会《むえんしゃかい》のゆくえ――人々《ひとびと》の絆《きずな》はなぜなくなるの？

2015年1月10日　第1刷発行

監修者　日本心理学会
編　者　髙木　修
　　　　竹村和久
発行者　柴田敏樹

発行所　株式会社　誠信書房
〒112-0012　東京都文京区大塚3-20-6
電話03（3946）5666
http://www.seishinshobo.co.jp/

印刷／中央印刷　製本／協栄製本
検印省略　落丁・乱丁本はお取り替えいたします
ISBN978-4-414-31113-6 C1311　Printed in Japan